THIS BOOK BELONGS TO:

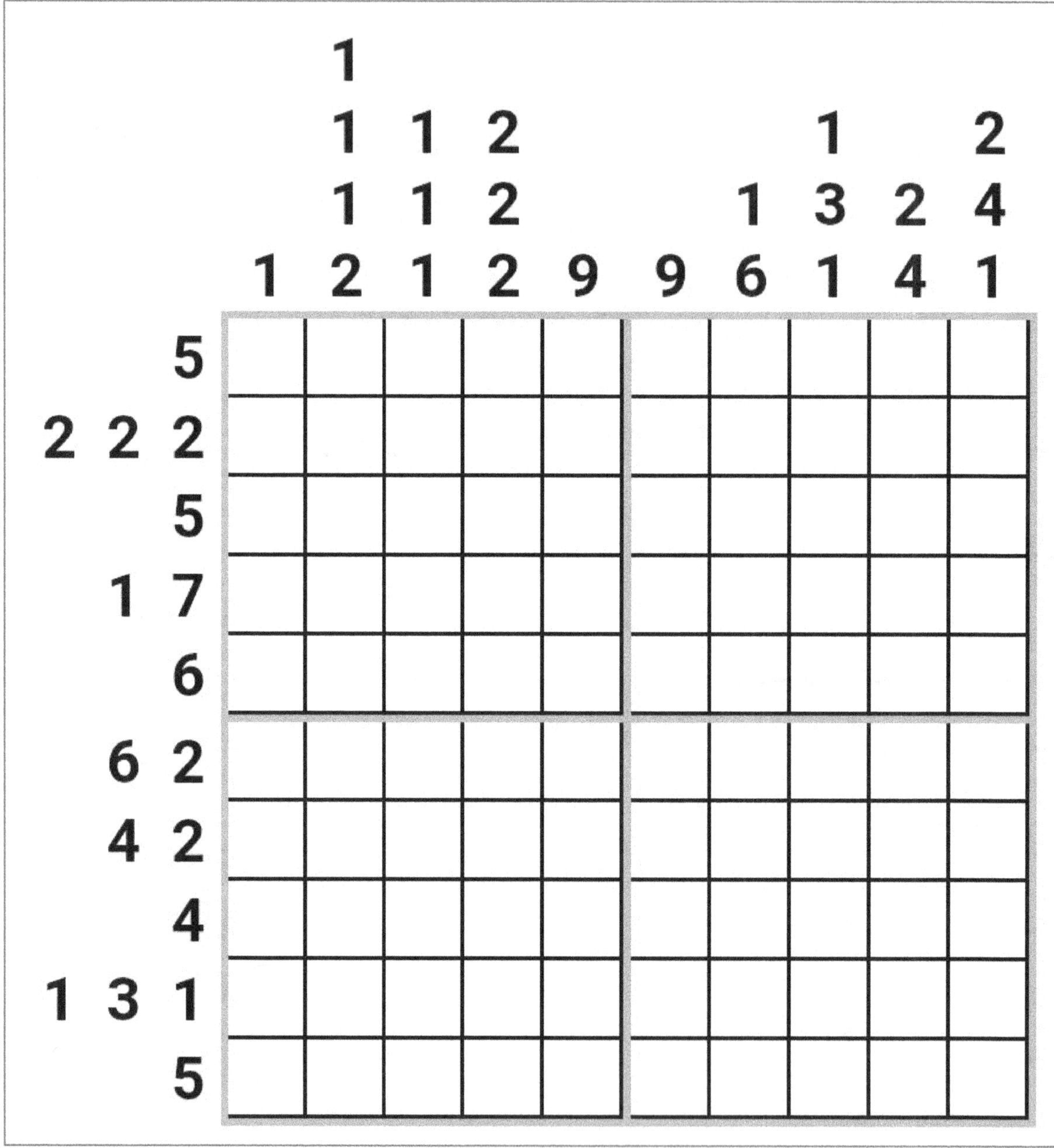

1
1 1 2 1 2
1 1 2 1 3 2 4
1 2 1 2 9 9 6 1 4 1
5
2 2 2
5
1 7
6
6 2
4 2
4
1 3 1
5

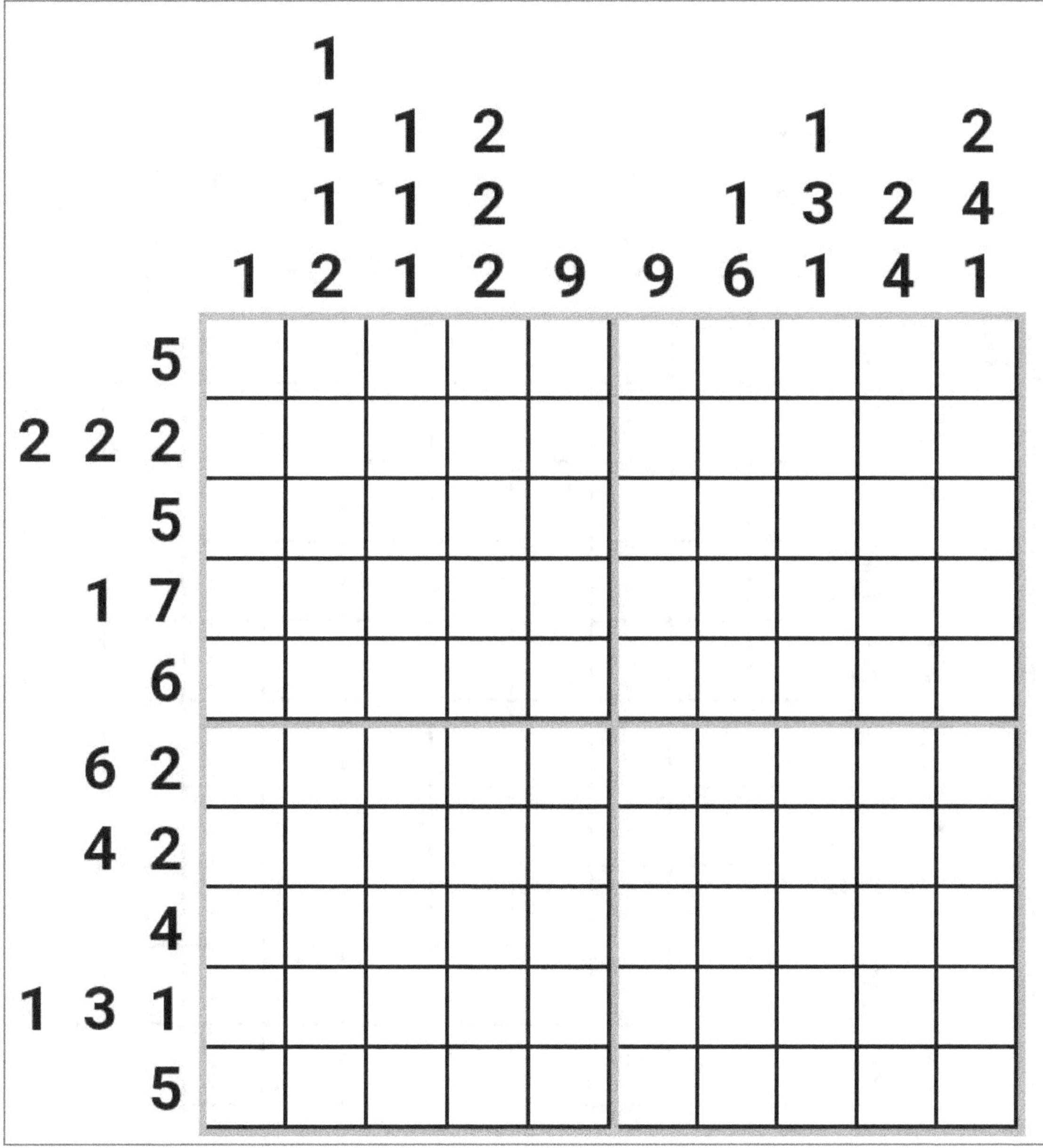

1
1 1 1 2
1 1 1
2 2 2
9
9
1 6
1 3 1
2 4
2 4 1
5
2 2 2
5
1 7
6
6 2
4 2
4
1 3 1
5

										1
	4					1				1
	2	2	1		1	1	2	3		1
	1	5	6	7	7	5	3	2	7	2
2 1 1										
2 3										
1 2										
2 3 3										
5 2										
5 2										
6 1										
10										
8										
1 5										

								4		1
	2	1					2	1		2
	1	4	5	3	5	1	1	1		1
	1	1	1	5	1	7	1	1	6	1
2 1 1										
1 2 1										
3 5										
9										
2 2 2										
9										
1 3 1										
1 3 3										
1 1										
3 2 1										

						2	2			
	1	2				1	1	1	1	4
	2	1	4		1	1	1	1	2	1
	1	2	2	7	4	1	1	1	2	1
1 2 2										
7 1										
4 1										
8										
5 1										
1 4 1										
3										
3 1										
1 3										
2										

												1		
				3	2	1	1	3				1	2	1
				1	1	1	1	1		4	5	1	3	1
				1	4	3	1	2		2	1	3	2	3
	1	2	2											
3	1	1	1											
		2	3											
			5											
	2	2	1											
			8											
			1											
	2	1	3											
			9											
3	1	1	1											

			2				3	2	1			1
			2	3	4	2	1	1	1	1	4	3
			2	4	2	2	1	2	1	3	2	4
2	2	3										
3	2	1										
4	1	2										
2	1	2										
2	1	1										
2	1	2										
3	1	3										
3	3	1										
1	2	1										
	1	1										

	1									
	2	1			1		1	1		
	1	1	6	2	2	1	2	1	3	2
	1	1	1	1	1	1	1	1	4	2
5										
2 1										
1 1 1										
3 1 2										
1 4										
1 2										
1 5										
1 1 2										
1 3										
2 1										

			2									
			1				2	4		1		
			2		4	3	1	1		3	4	5
			1	9	1	2	3	1	7	1	3	3
2	1	1										
	5	4										
3	2	2										
4	2	2										
	2	6										
	1	3										
5	2	1										
2	4	2										
1	1	3										
1	1	1										

	3						2		
1	1	1	3	1	4	2	1	1	
1	1	1	1	4	3	2	1	2	2
2	2	2	1	3	1	1	1	3	6

2 2 1 1

1 1 5

7

3

1 1 1 2

8

1 1 1

1 2 3

5 2

2 6

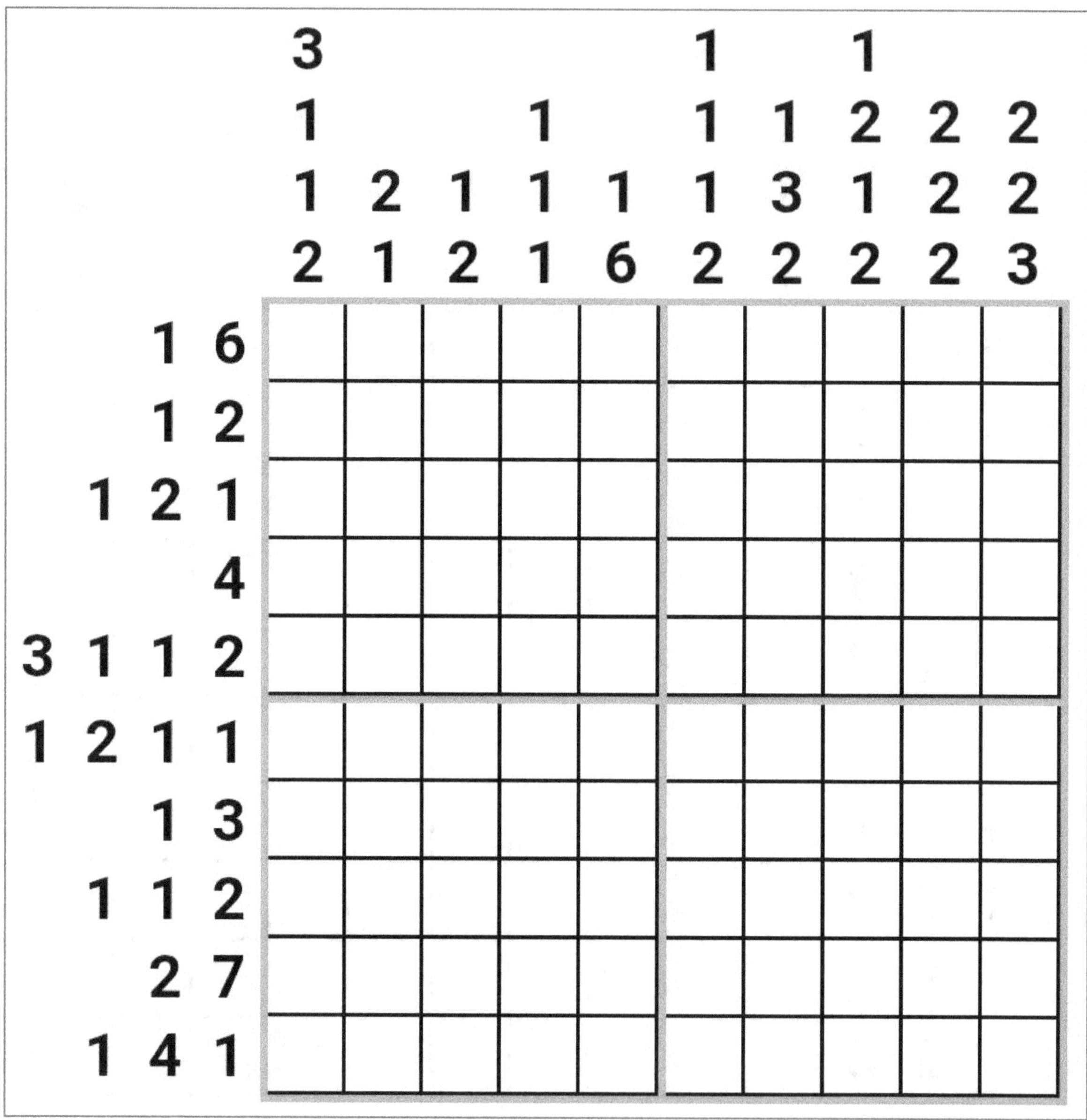
3 1 1 2
2 1
1 2
1 1 1
1 6
1 1 1 2
1 3 2
1 2 1 2
2 2 2
2 2 3
1 6
1 2
1 2 1
4
3 1 1 2
1 2 1 1
1 3
1 1 2
2 7
1 4 1

			2	1		2					1	
			1	1		2		2			1	1
			1	2	1	1	7	3	4	4	1	1
			1	1	6	1	2	3	2	2	1	5
	5	2										
1	3	1										
2	1	4										
		6										
		8										
2	3	1										
	3	1										
1	1	5										
	7	1										
1	2	2										

	5	3 3	1 3 2	1 4	2 7	1 1 1 1 1	3 1 1	2 1 1 1	5 4	3 1 1 1
2 2 2										
2 3 2										
3 4										
1 6										
1 3 2										
4 1										
4 2										
1 5										
2 1 1										
1 6										

		1	1	1						1
	1	1	1	2	4				1	1
	1	1	1	1	2	4			4	4
	2	4	2	2	2	2	7	6	1	1
2 1 1										
3										
1 2 2										
4										
4 5										
6										
5 4										
2 4										
7										
9										

					1		1			1	2	
			1		1	1	1		2	2	1	2
			1	3	2	1	1	2	1	1	1	1
			2	1	2	5	1	3	2	1	3	5
	5	2										
2	2	2										
	4	1										
	2	2										
		3										
	4	3										
2	2	1										
1	1	4										
	5	2										
	2	3										

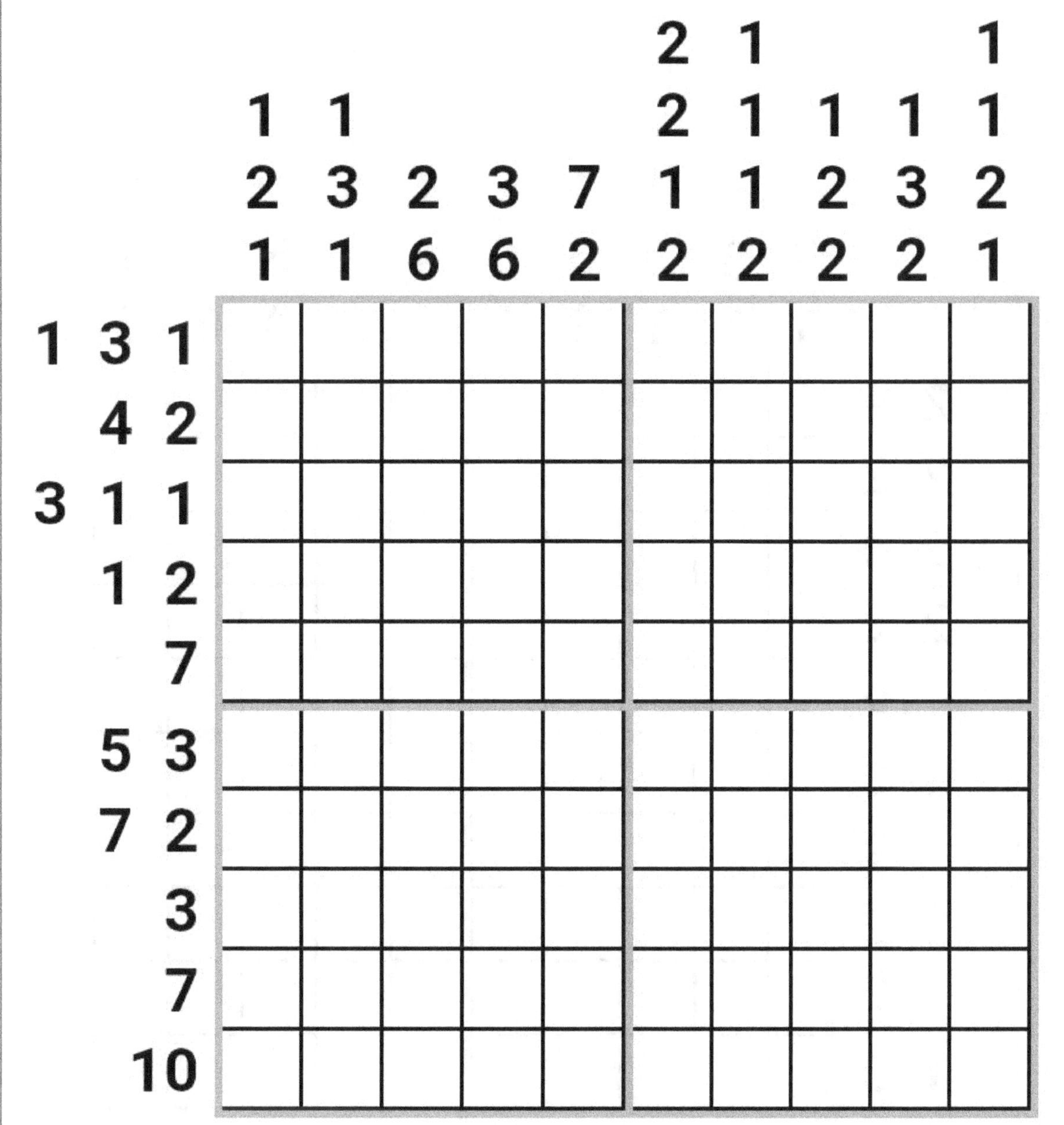
1 2 1
1 3 1
2 6
3 6
7 2
2 2 1 2
1 1 1 2
1 2 2
1 3 2
1 1 2 1
1 3 1
4 2
3 1 1
1 2
7
5 3
7 2
3
7
10

	1 2 1	1 5	1 3 1	1 5 2	5 1	1 1 2	1 1 1 1 2	5 4	8	1 1 3
2 4										
2 2										
2 4										
1 2 2										
10										
4 2										
9										
1 2										
7										
1 1 3										

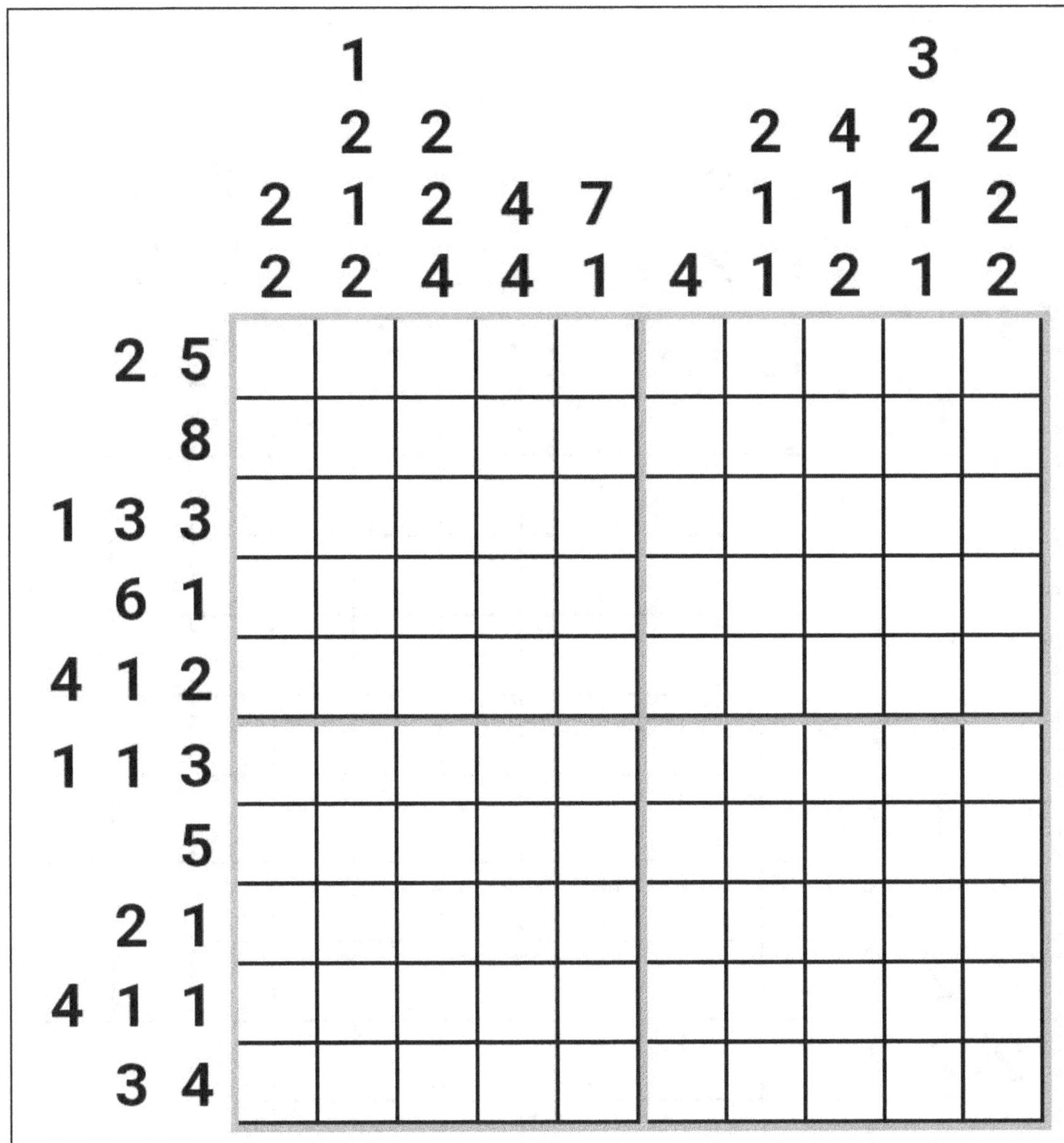

1
2 2
2 1 2 4 7
2 2 4 4 1
3
2 4 2 2
1 1 1 2
4 1 2 1 2
2 5
8
1 3 3
6 1
4 1 2
1 1 3
5
2 1
4 1 1
3 4

	1				3					
	1	3	2		1		1	2	3	
	1	2	2	5	1	3	1	2	2	4
	1	1	3	3	1	3	2	1	2	2
1 2										
9										
5 3										
1 1 1 2										
3 1										
1 1 3										
1 1 2										
4 2 1										
2 2 2										
6 2										

	1 2 1	1 2 3	5 2	2 3 3	10	1 3 1	4 2	1 2 1 1	2 5	4 4
5 1 1										
4 2										
1 1 3										
8 1										
7										
7										
1 1 1 2										
2 2 2										
4 4										
5 1										

			1	1						
	2		3	2		3		2	4	
	1	4	1	1	1	3	1	1	3	3
	2	3	2	1	3	1	6	5	1	6
4 3										
2 5										
3 2 2										
4 2										
7 1										
5										
3 5										
2 4										
3 3 1										
2 4										

Row clues	1 1 1	1 2 1 1	1 2 1 2	1 1 1 1 1	3 3 1	1 2 3 1	2 3 1	4 3	2 1	3 1 2
7										
1 2 1										
6 3										
2 1 3										
1 1										
6										
4 1										
1 3										
3 3										
5 1										

	1 1 2	2 3 1	1 1 1 1	2 1 2	2 2 2	1 6	1 1 3	2 6	1 1 2 1 1	6 1
1 2										
4 1 1										
1 1 4										
3 1										
2 3										
10										
1 1 1										
1 6										
1 5										
4 4										

	1 2 1	4 1 1	3 1	7	2 1 2	1 6	1 2 2	1 2 1	3 5	2 3 2
1										
1 1 2										
1 1 4										
4										
10										
4 5										
3 2										
4 2 1										
7										
1 2 1										

										1
	1		2	1						1
	2	1	4	4		5	4	3	2	1
	1	2	2	1	9	1	3	1	1	2
2 1 1 1										
1 6										
4 1										
1 6										
6										
5 2										
1 3 3										
1 1 1										
1 3 2										
2										

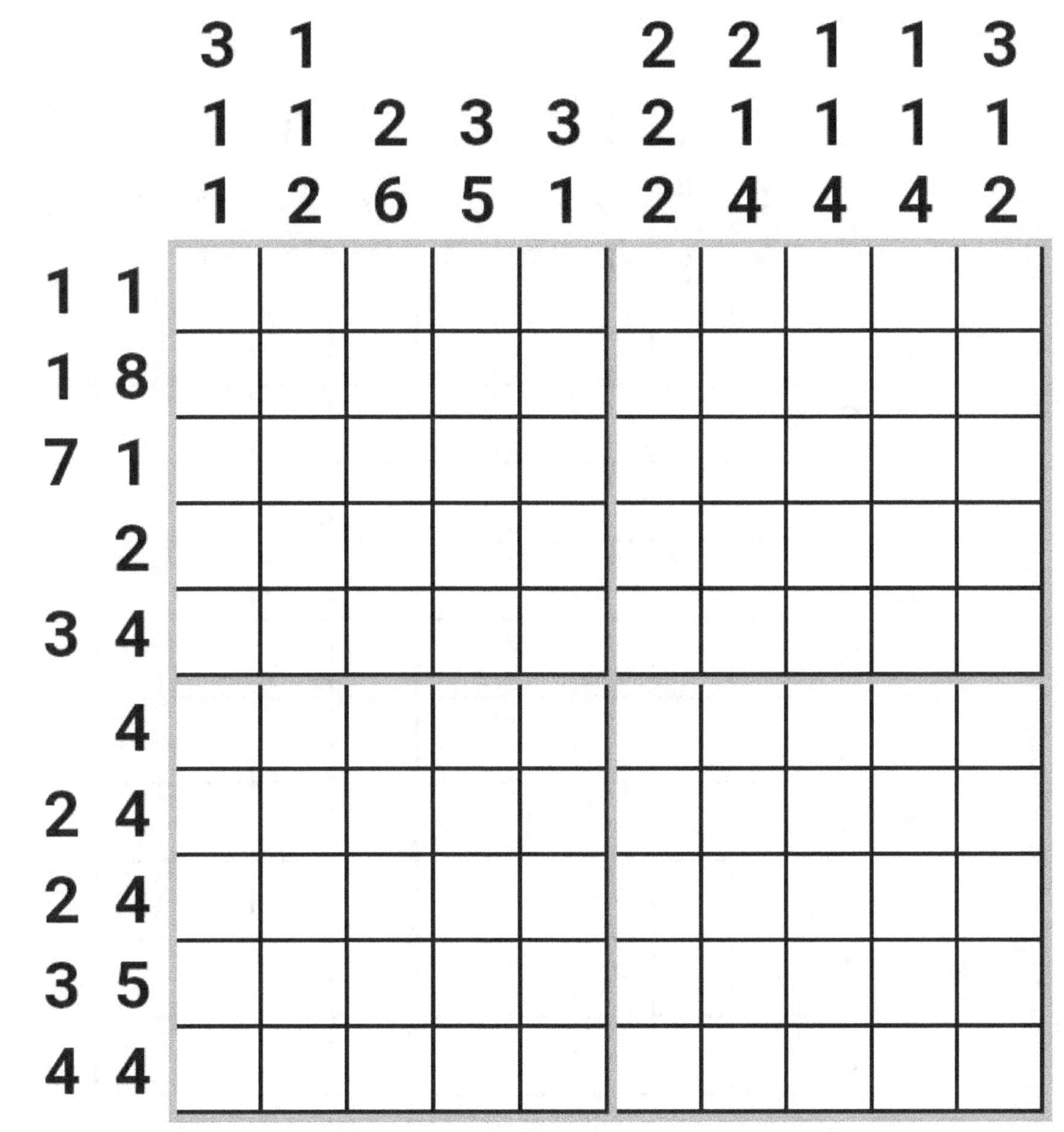
3 1 1
1 1 2
2 6
3 5
3 1
2 2 2
2 1 4
1 1 4
1 1 4
3 1 2
1 1
1 8
7 1
2
3 4
4
2 4
2 4
3 5
4 4

	1 2	4 1 1	1 4 1	2 3	2 1 4	2 1 1 1	1 4 1	1 3 3	4 3	1 2 3
1 3										
6 3										
1 1 1										
2 2										
8										
1 2 2 1										
5 1										
6										
2 1 3										
6										

									4	
	2	1	3	1	3	2	1	6	2	6
	1	4	5	3	1	3	2	1	1	2
1 1										
1 1 3										
5 3										
2 3										
1 6										
3 1 1										
3 1 2										
3 4										
5 1										
1 2										

	4	2 1 1	3 1	3 1 1 1	1 1 2	1 1 1	1 1 1 1 1	2 1 1	1 1 1	1 2 1
1 5										
4										
4 3										
1 1 1										
4 1										
2										
3 1										
1 2 1										
1 2										
1 2										

	1				1		1	1	2	
	1	1	4	8	1	2	1	1	1	2
	1	3	3	1	6	4	2	1	2	5
1 2 3										
2 1 2										
4										
2 2 1										
5 3										
2 1										
6 2										
9										
2 3										
3										

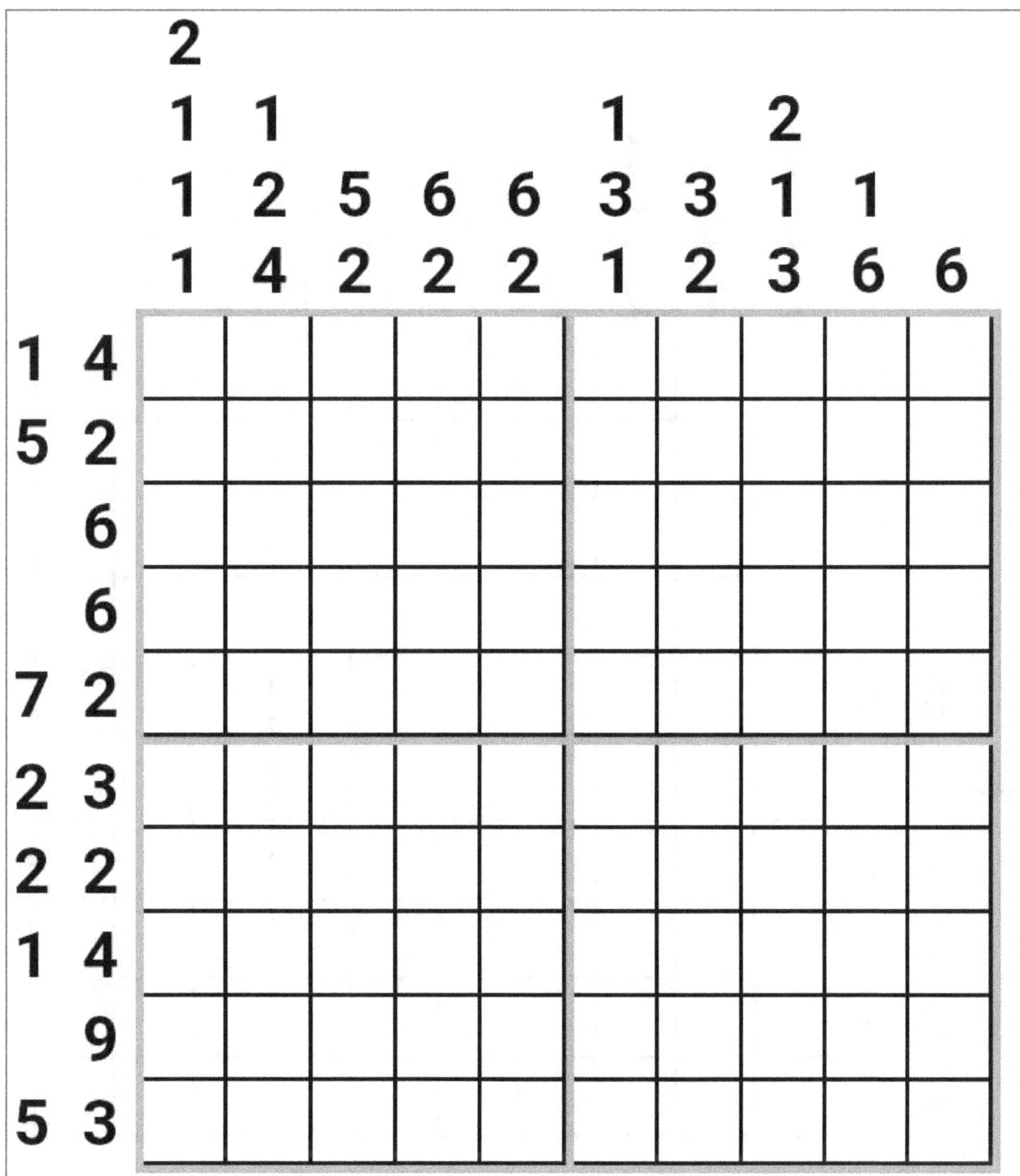

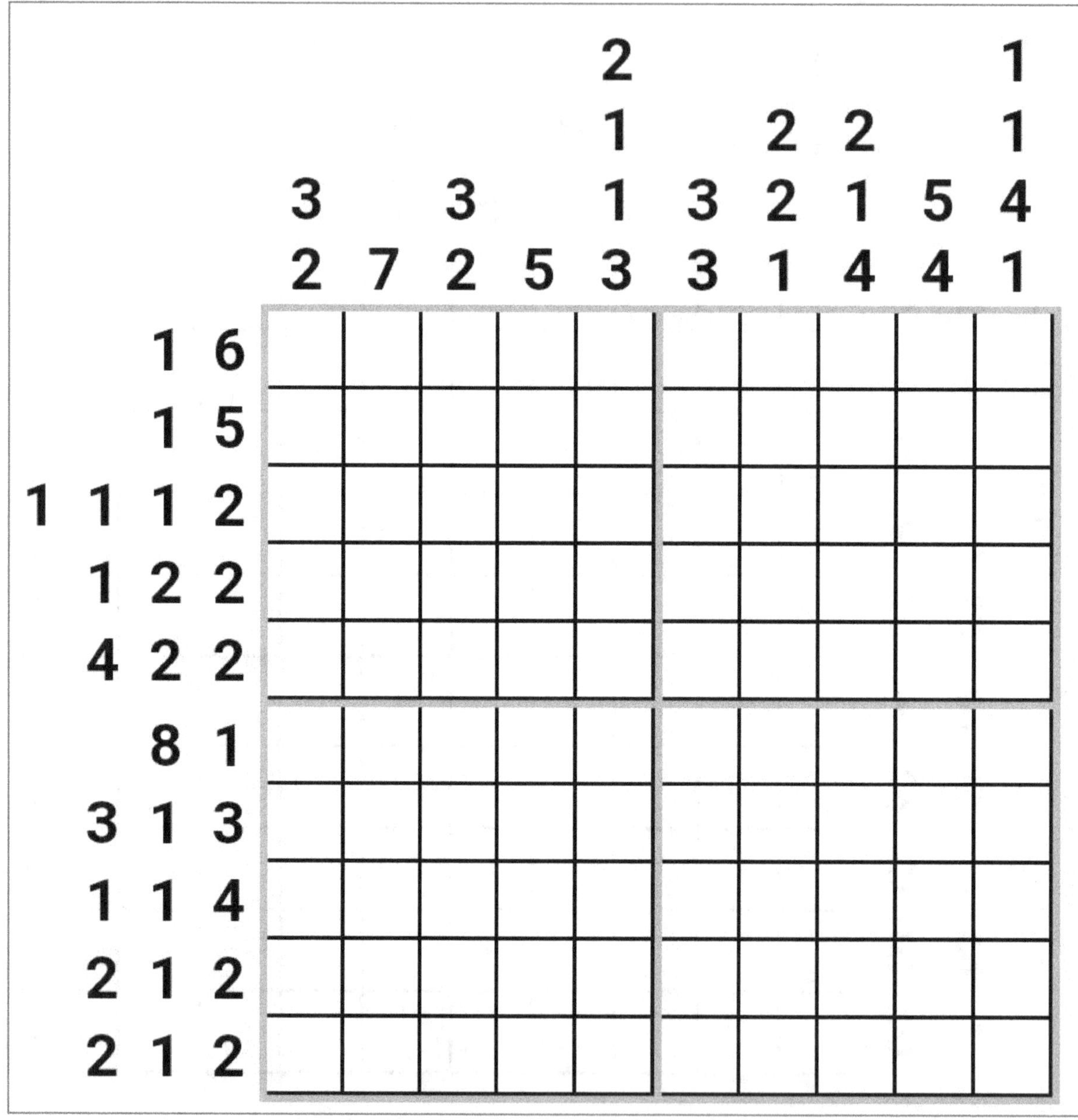

3 2
7
3 2
5
2 1 1 3
3 3
2 2 1
2 1 4
5 4
1 1 4 1
1 6
1 5
1 1 1 2
1 2 2
4 2 2
8 1
3 1 3
1 1 4
2 1 2
2 1 2

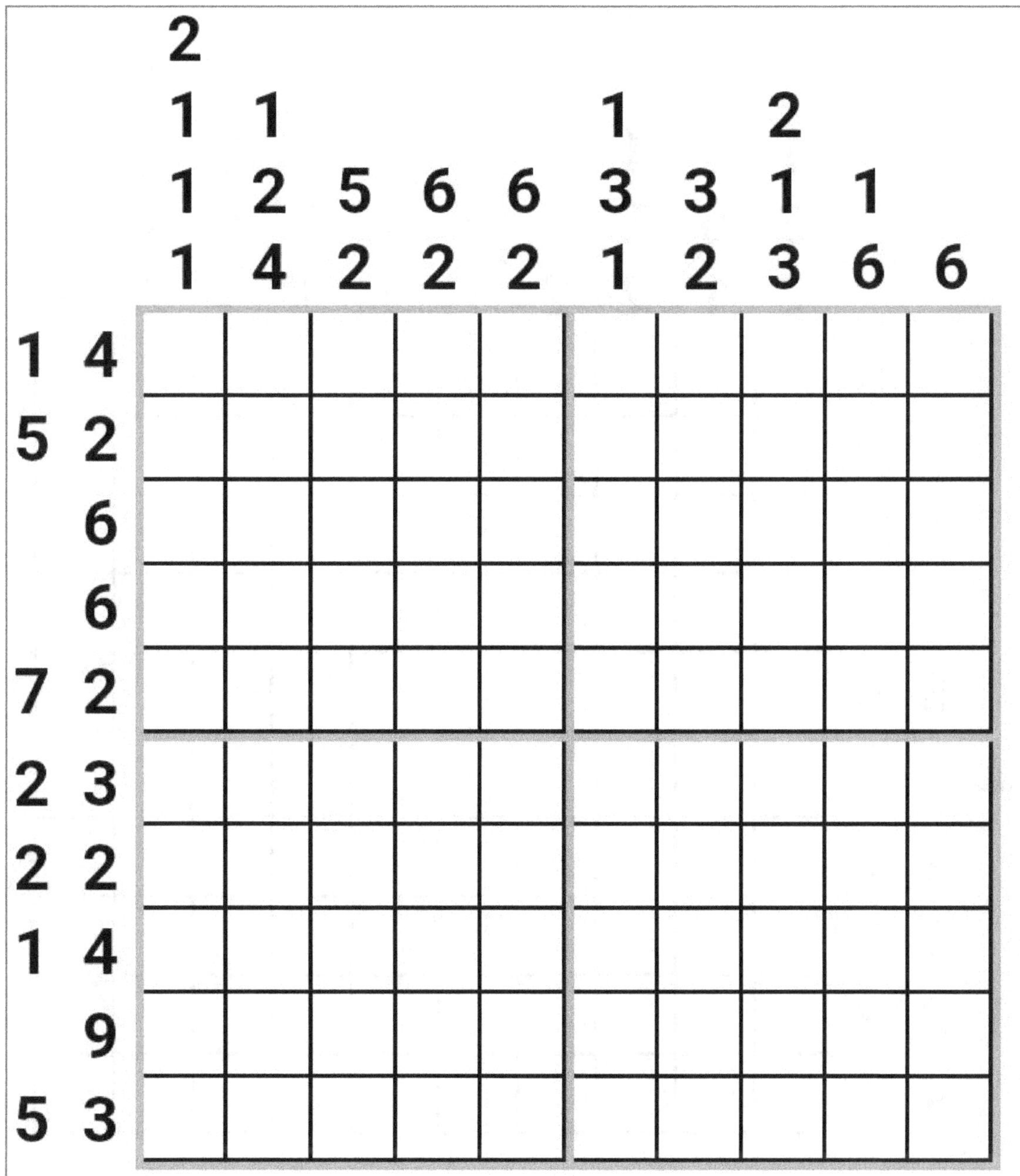
2 1 1 1
1 2 4
5 2
6 2
6 2
1 3 1
3 2
2 1 3
1 6
6
1 4
5 2
6
6
7 2
2 3
2 2
1 4
9
5 3

	1 2 2	1 5 1	1 5 2	4 2	2 1	4 1	7 1	1 4 1	1 3 1 2	1 1 6
3 5										
2										
7 2										
7 1										
3 4										
4 2 1										
2 5										
1 1										
1 2 2										
4 4										

	5 1	1 2 1 1	1 1	1 1 4	2 7	2 7	3 1 1	1 4 1	3 1 2	3 2 2
6 2										
1 6										
2 1 2										
2 4										
1 3 3										
2 1 1										
1 5										
3 1										
6 2										
6										

		1			2					1
	2	1		2	2	5	6			1
	2	1	5	2	2	2	1	5	1	1
	1	1	3	4	1	1	1	1	2	3
8 1										
1 7										
1 3 1										
7										
1 6										
2 1 1										
3										
10										
2 2										
5 1										

	3 1 1	4 1 1	2 2 2	4 5	1 2 2 1	6 3	8	1 6	1 6	1 1 3
6 2										
4 1										
2 1 3										
6 1										
1 5										
1 1 5										
1 2 3										
7										
2 5										
8 1										

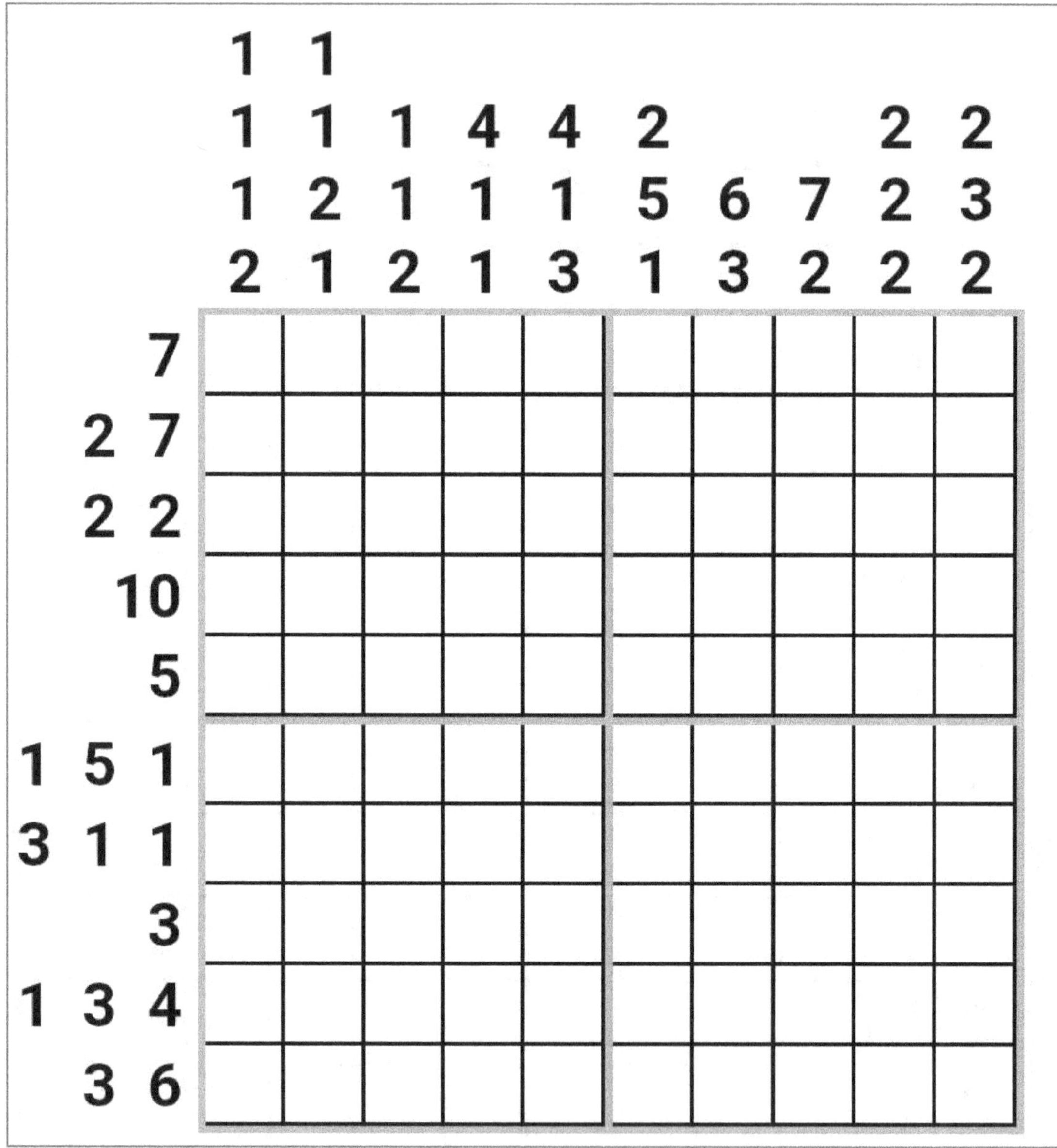

	2 4 1	1 3 2	2 2 2	1 1 2 1	3 6	1 6	8 1	1 1 1 1	1 1 1 2	3 2 1
10										
1 1 1 1 1										
2 1 1										
1 3										
3 3										
10										
1 4 1										
3 3										
5 2										
1 5										

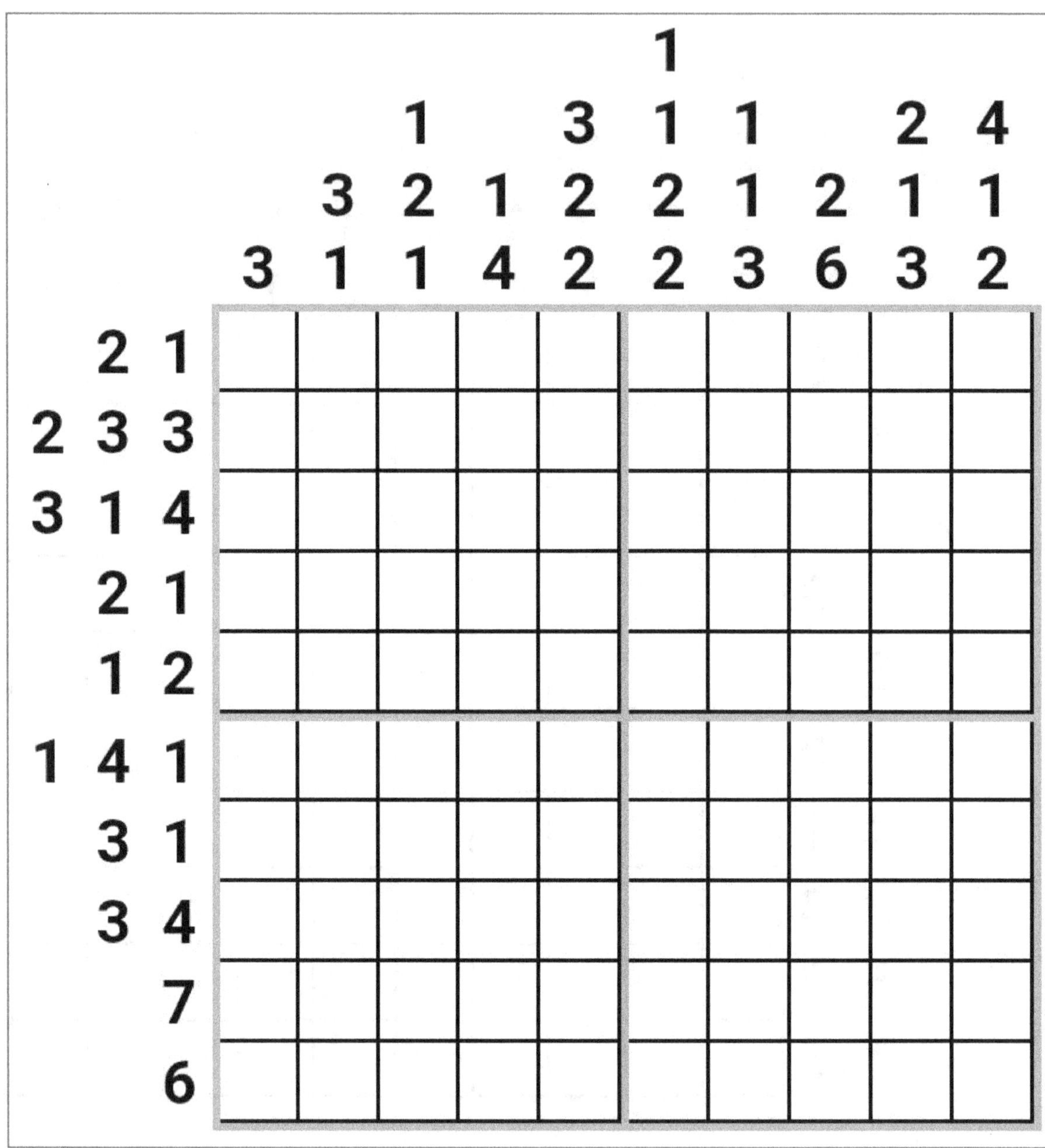

3
3 1
1 2 1
1 4
3 2 2
1 1 2 2
1 1 3
2 6
2 1 3
4 1 2
2 1
2 3 3
3 1 4
2 1
1 2
1 4 1
3 1
3 4
7
6

	1 1 2	3 3	3 3 1	3 2 1 1	1 2 1 1 1	1 1 3 1	1 6	1 2	1 7	1 4 1 1
10										
3										
6 1										
1 2										
1 1 2										
5 2										
3 4										
10										
1 1 1										
5 2										

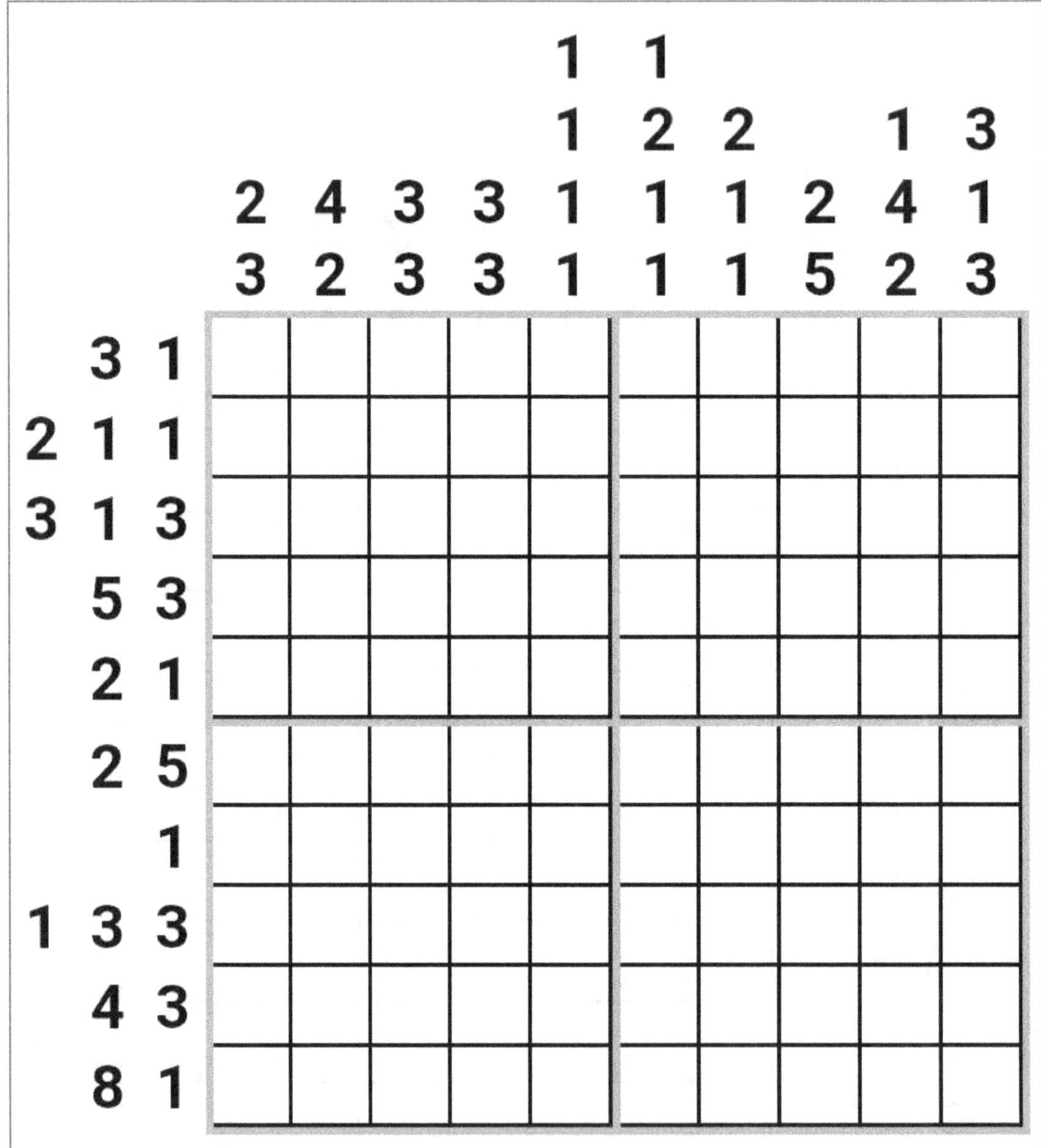
1 1
1 2 2 1 3
2 4 3 3 1 1 1 2 4 1
3 2 3 3 1 1 1 5 2 3
3 1
2 1 1
3 1 3
5 3
2 1
2 5
1
1 3 3
4 3
8 1

	1 2 1 1	1 1 1 1 1	1 1 1 1	1 1 1 1	1 4	1 1 2	1 1 3 1	2 1 4	1 3 1	2 1 2 1
4 1 1										
5										
3										
1 4 1										
3										
5										
10										
1 3										
1 2 1 1										
1 1 1 1										

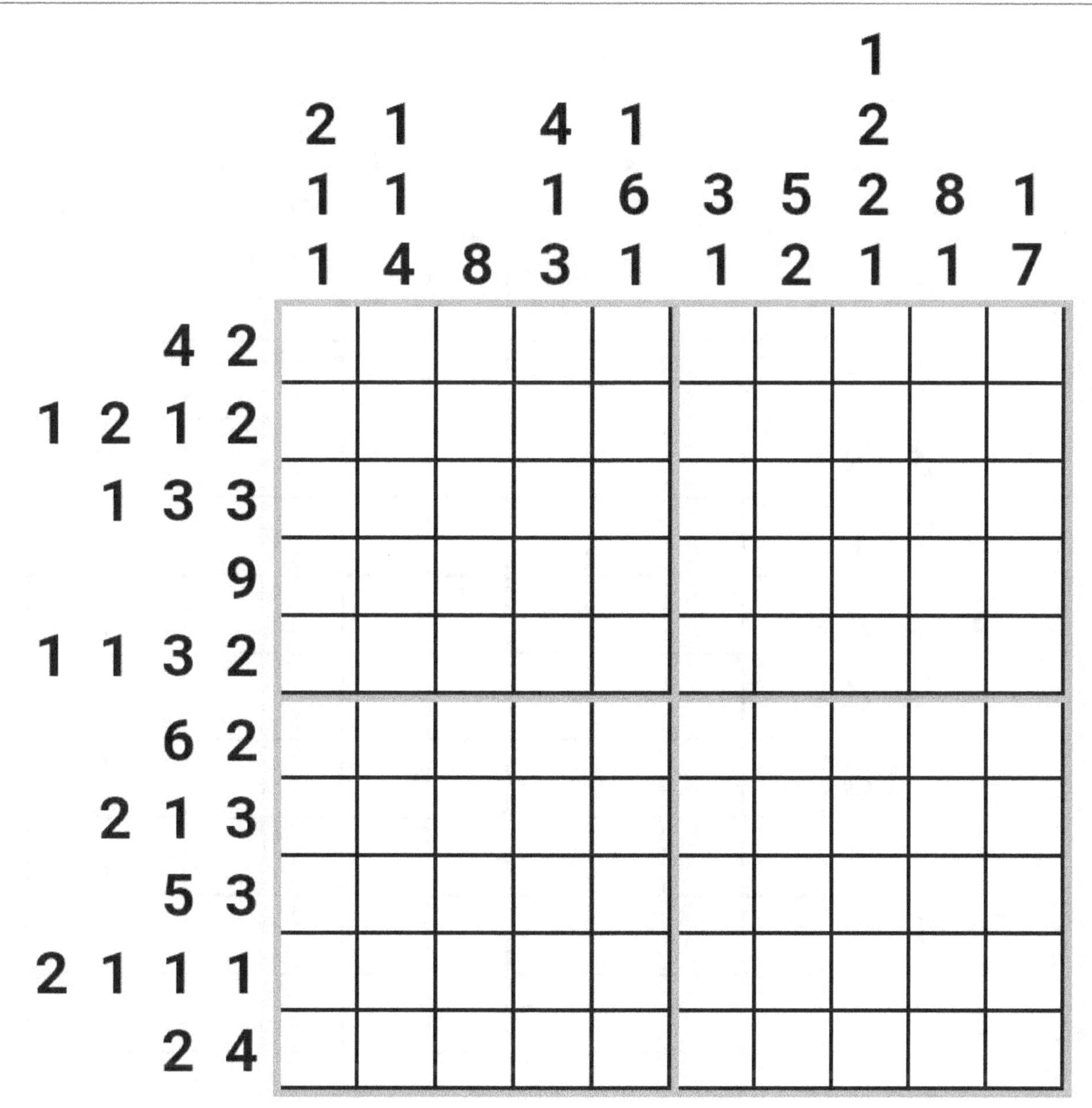

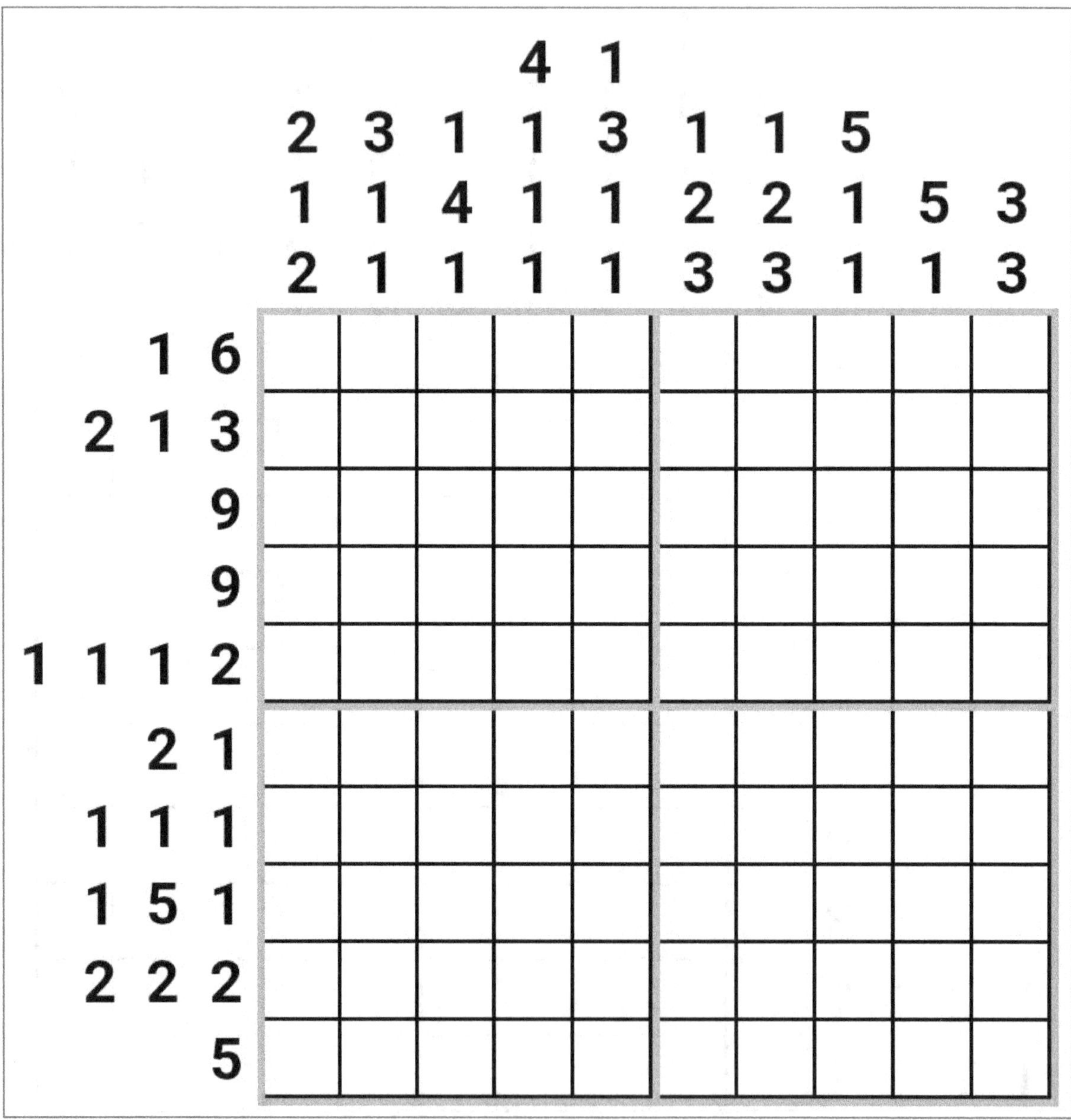
2 1 2
3 1 1
1 4 1
4 1 1 1
1 3 1 1
1 2 3
1 2 3
5 1 1
5 1
3 3
1 6
2 1 3
9
9
1 1 1 2
2 1
1 1 1
1 5 1
2 2 2
5

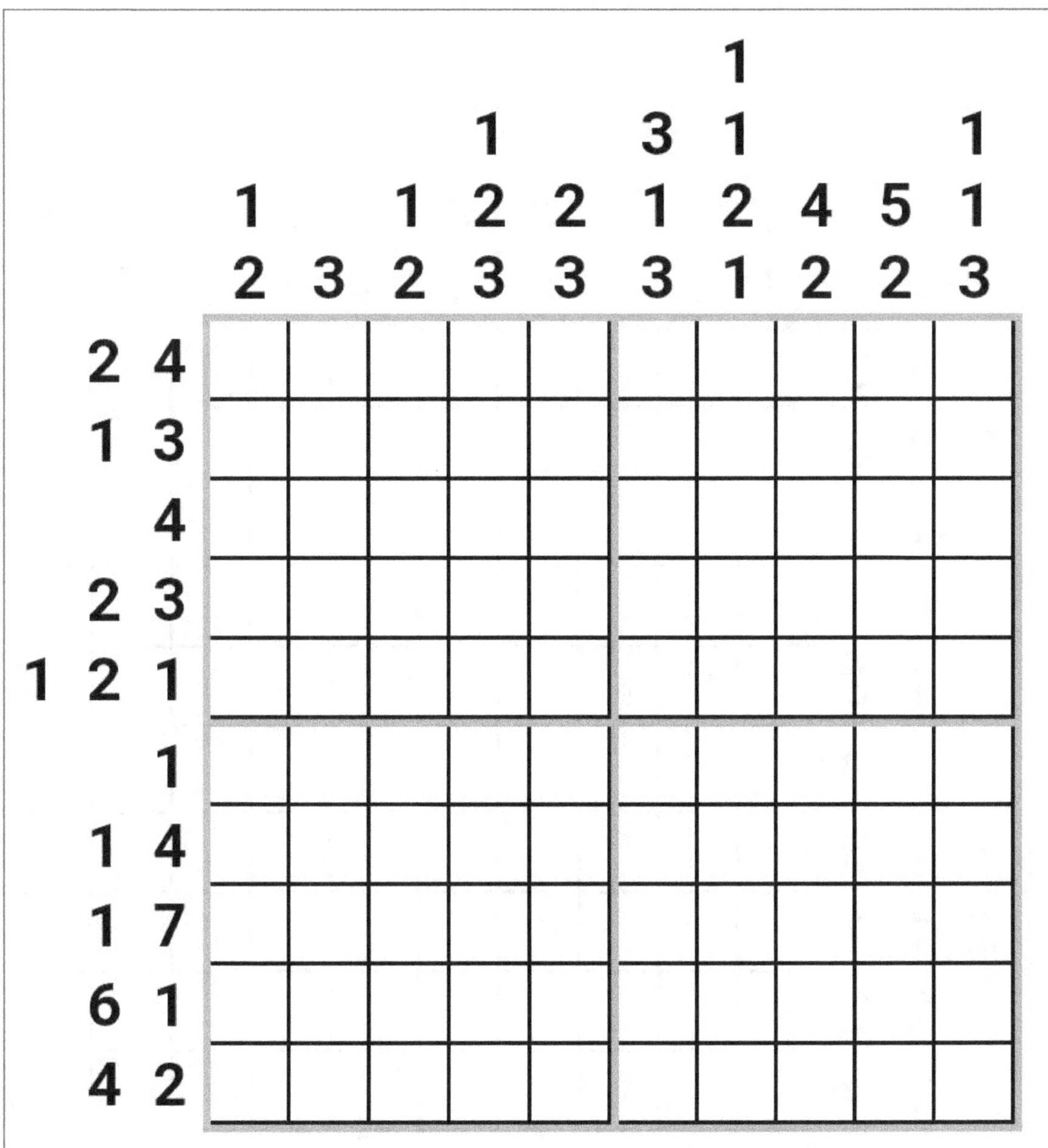

1 2
3
1 2
1 2 3
2 3
3 1 3
1 1 2 1
4 2
5 2
1 1 3
2 4
1 3
4
2 3
1 2 1
1
1 4
1 7
6 1
4 2

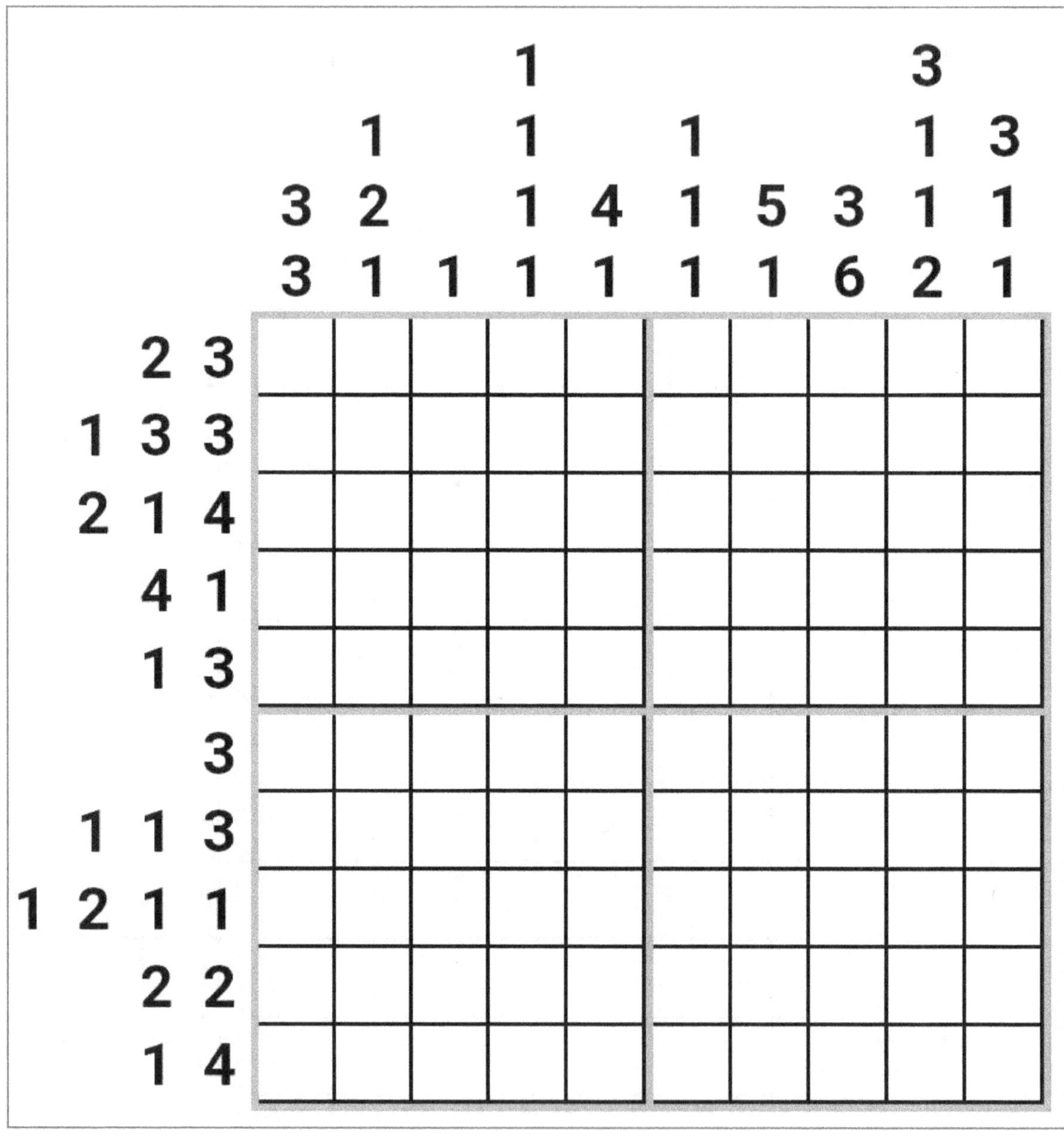
3 3
1 2 1
1
1 1 1 1
4 1
1 1 1
5 1
3 6
3 1 1 2
3 1 1
2 3
1 3 3
2 1 4
4 1
1 3
3
1 1 3
1 2 1 1
2 2
1 4

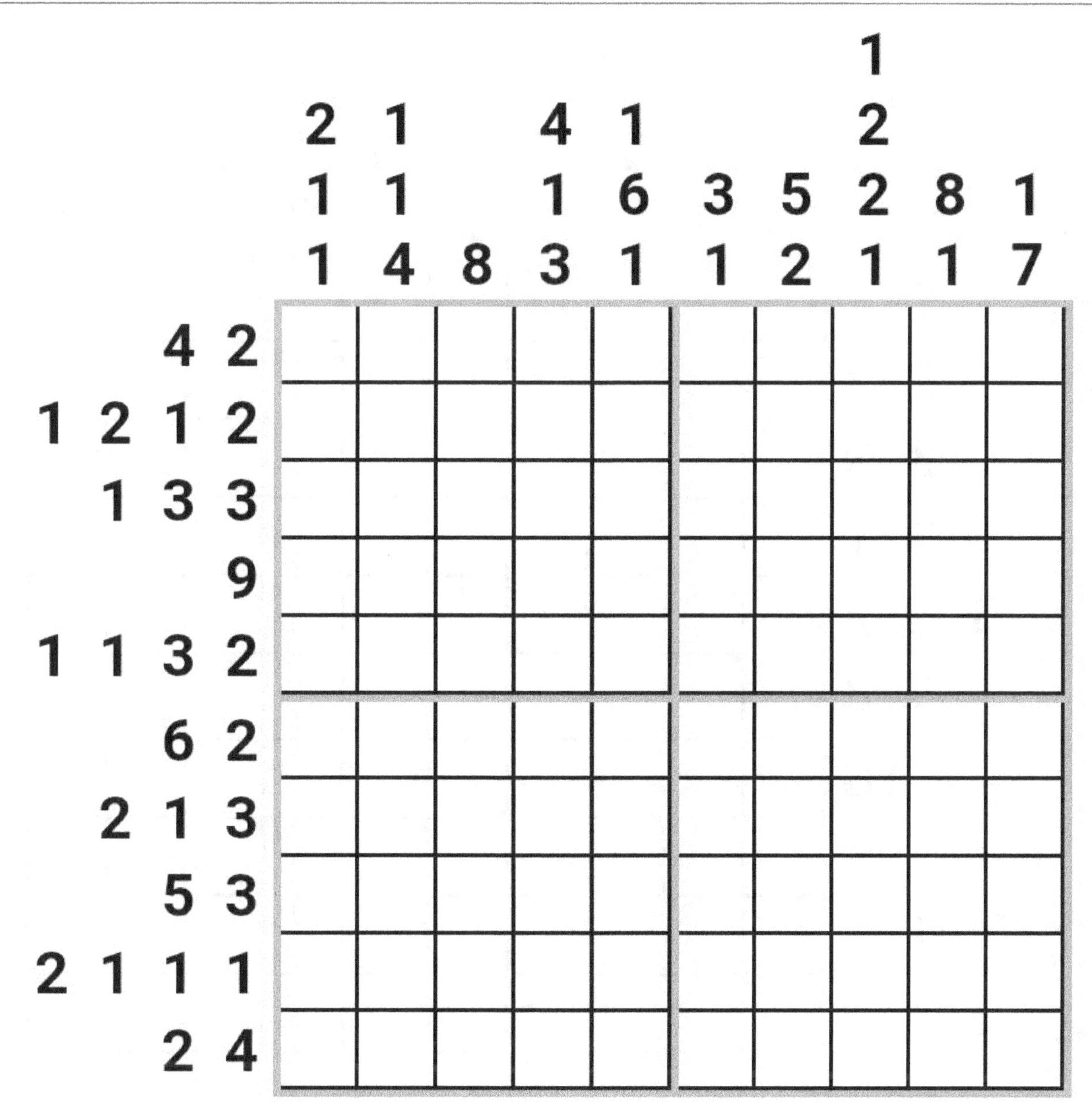

2 1 1
1 1 4
8
4 1 3
1 6 1
3 1
5 2
1 2 2 1
8 1
1 7
4 2
1 2 1 2
1 3 3
9
1 1 3 2
6 2
2 1 3
5 3
2 1 1 1
2 4

	1 1 4	1 3 2 1	1 1 2 1	3 1	1 2	1 1 1	1 1 3	2 3 1	1 5	2 5 1
2 1 1 1										
2 3										
3 3										
1 1										
3 2 2										
1 4										
10										
3 3										
1 1										
3 1 1										

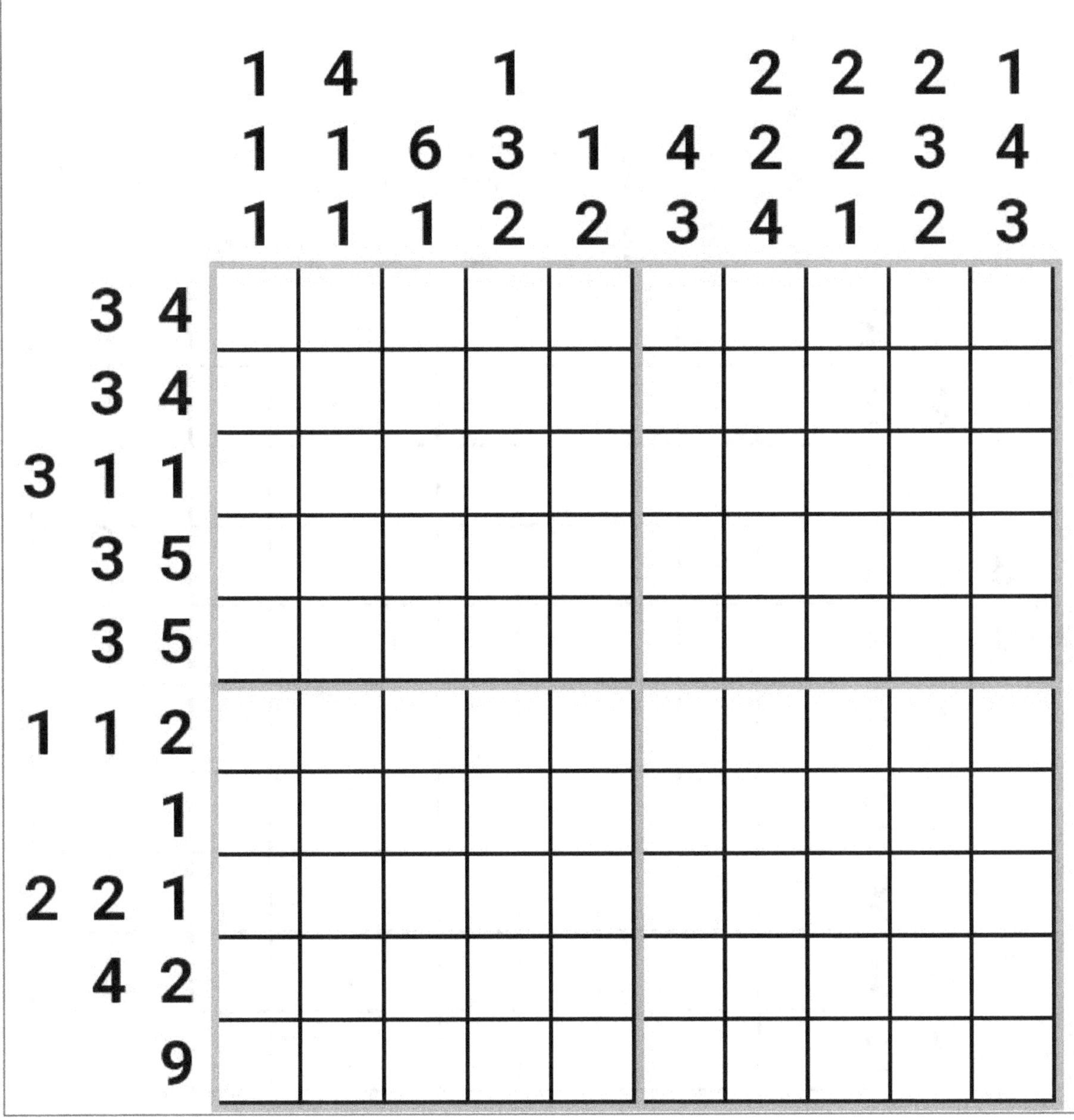

1 1 1
4 1 1
6 1
1 3 2
1 2
4 3
2 2 4
2 2 1
2 3 2
1 4 3
3 4
3 4
3 1 1
3 5
3 5
1 1 2
1
2 2 1
4 2
9

	1 1 2 2	1 5	3 3	1 3	1 4 3	1 5	2 3	5 3	4 1	1 3 1
2 2										
2 3										
1 5										
3 1 4										
2 2 1 1										
2 3 1										
3 3										
9										
1 4 1										
1 2										

	1 1 1	3 2 1	2 4 1	1 4	1 1 2	6 2	4 3	3 1 2	1 1 1 1 2	1 6
7 2										
2 3										
1 1 4										
1 2 3										
4 2										
3 1 1										
3 4										
3 1										
2 6										
3										

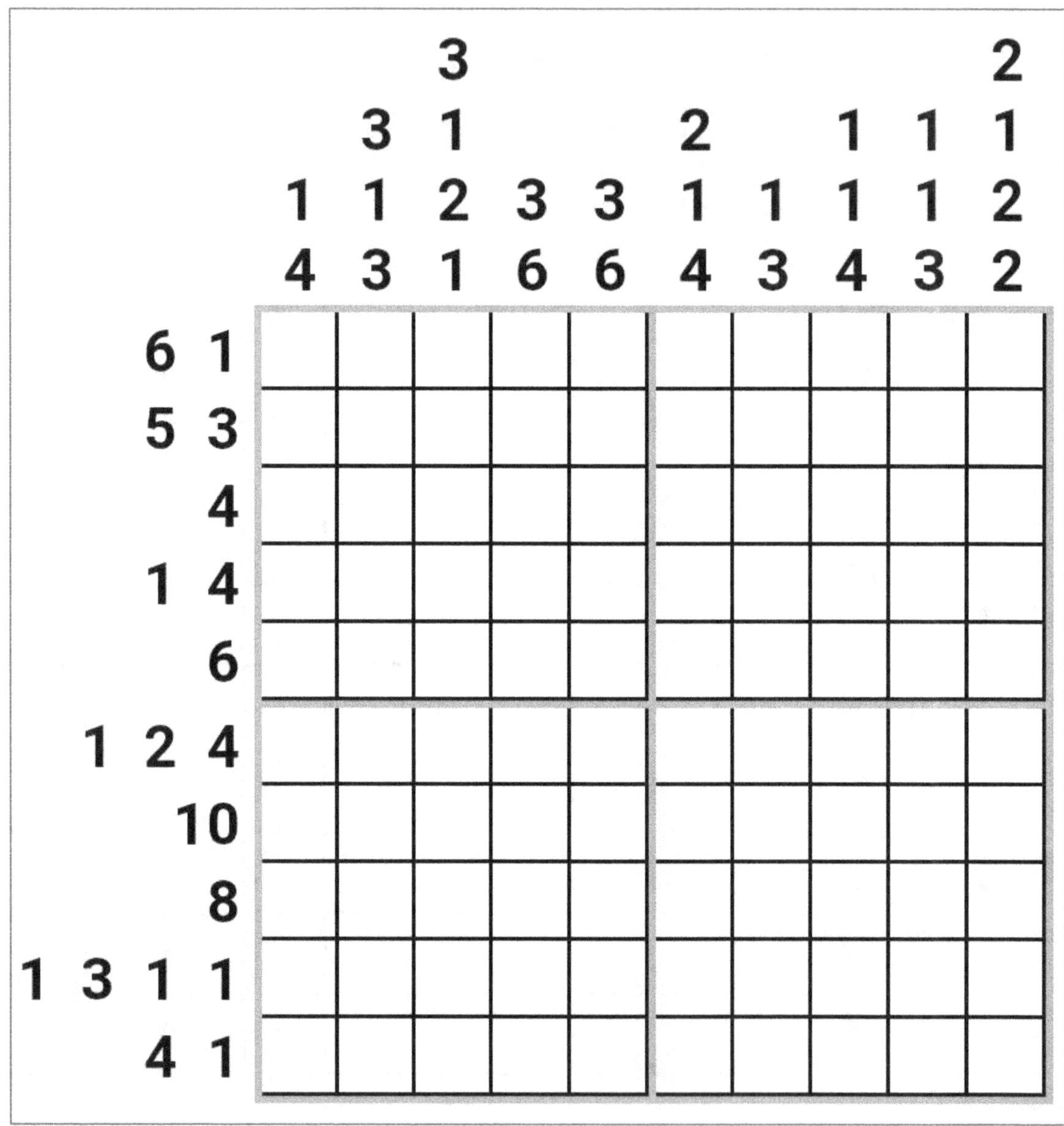

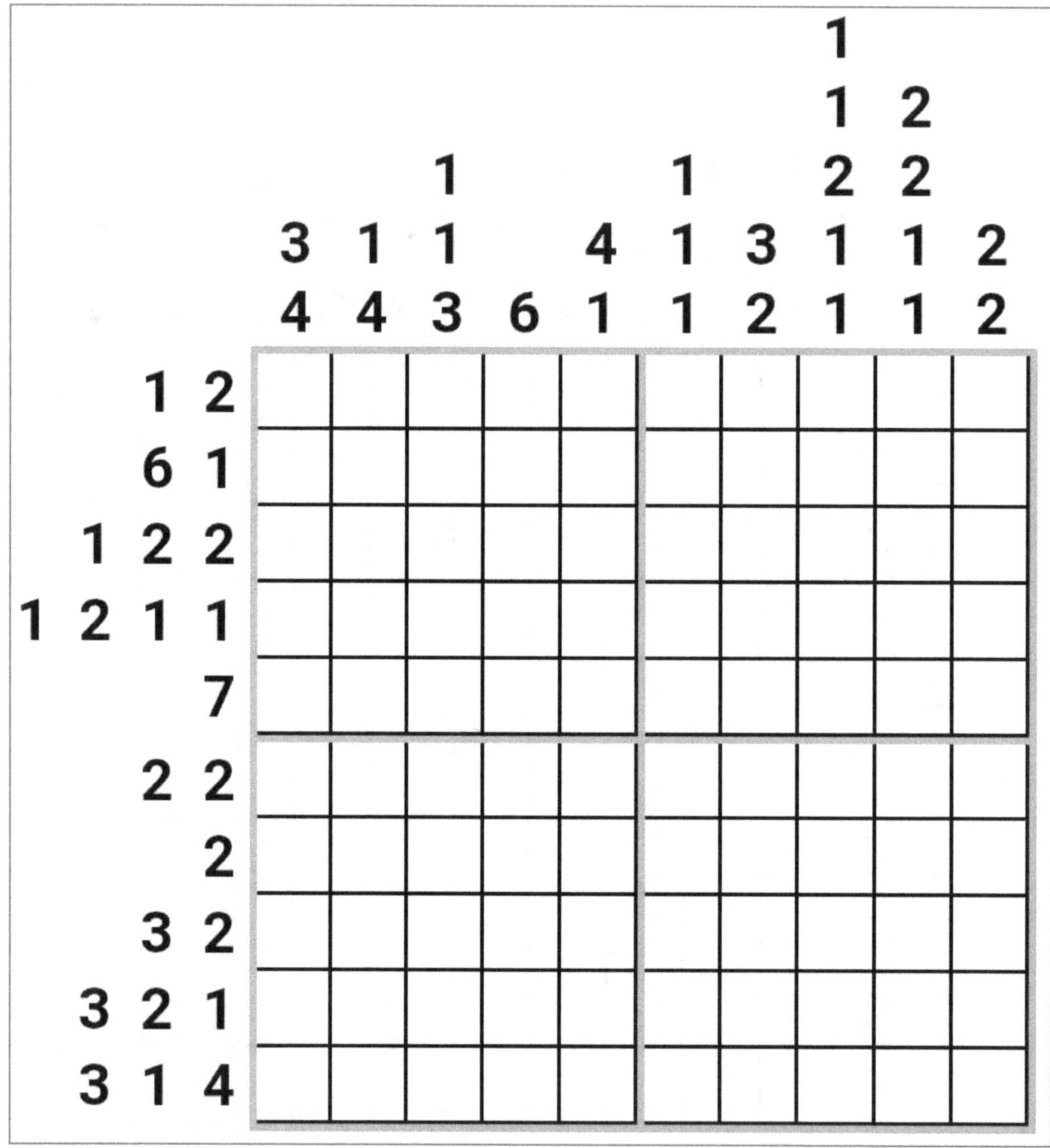

3 4
1 4
1 1 3
6
4 1
1 1 1
3 2
1 1 2 1 1
2 2 1 1
2 2
1 2
6 1
1 2 2
1 2 1 1
7
2 2
2
3 2
3 2 1
3 1 4

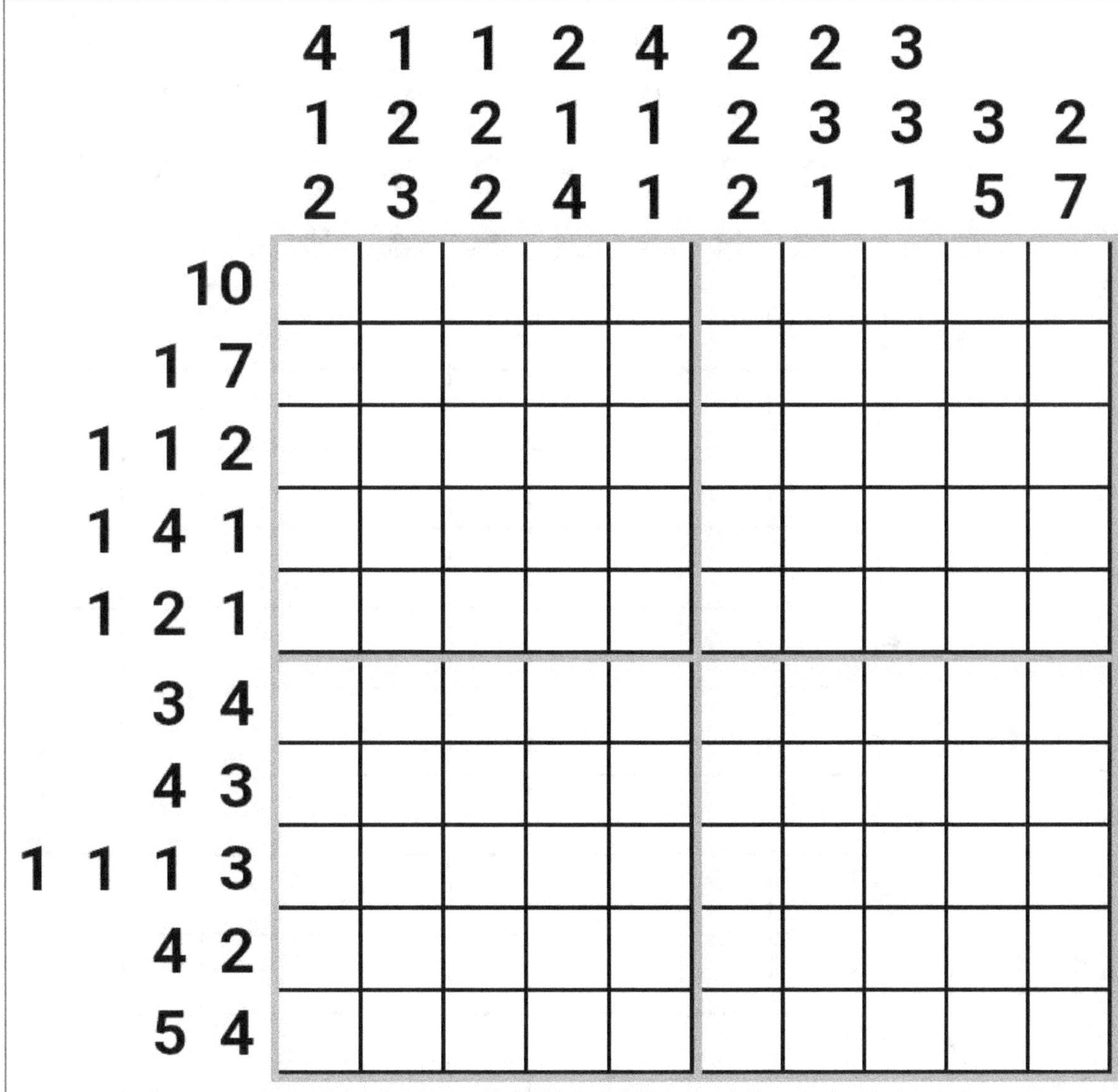

4 1 1 2 4 2 2 3
1 2 2 1 1 2 3 3 3 2
2 3 2 4 1 2 1 1 5 7
10
1 7
1 1 2
1 4 1
1 2 1
3 4
4 3
1 1 1 3
4 2
5 4

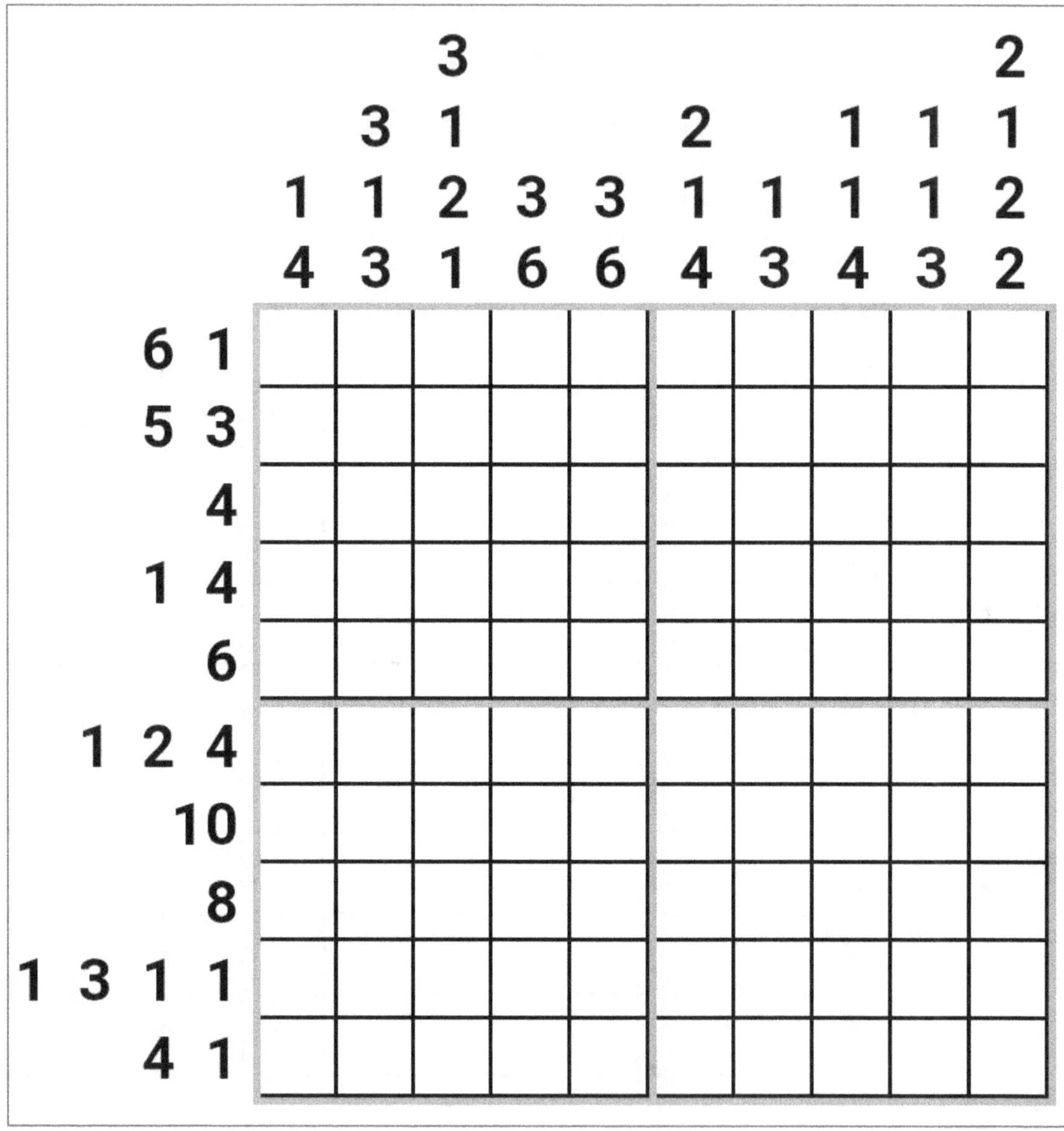

1 4
3 1 3
3 1 2 1
3 6
3 6
2 1 4
1 3
1 1 4
1 1 3
2 1 2 2
6 1
5 3
4
1 4
6
1 2 4
10
8
1 3 1 1
4 1

									1	1
	2					2	1	1	1	1
	1	2	1	4	4	3	3	1	1	1
	1	2	7	5	5	3	2	2	1	2
2 5 1										
6										
2 2										
5 1										
1 3										
7										
1 3 1										
5 1										
6 1										
6 2										

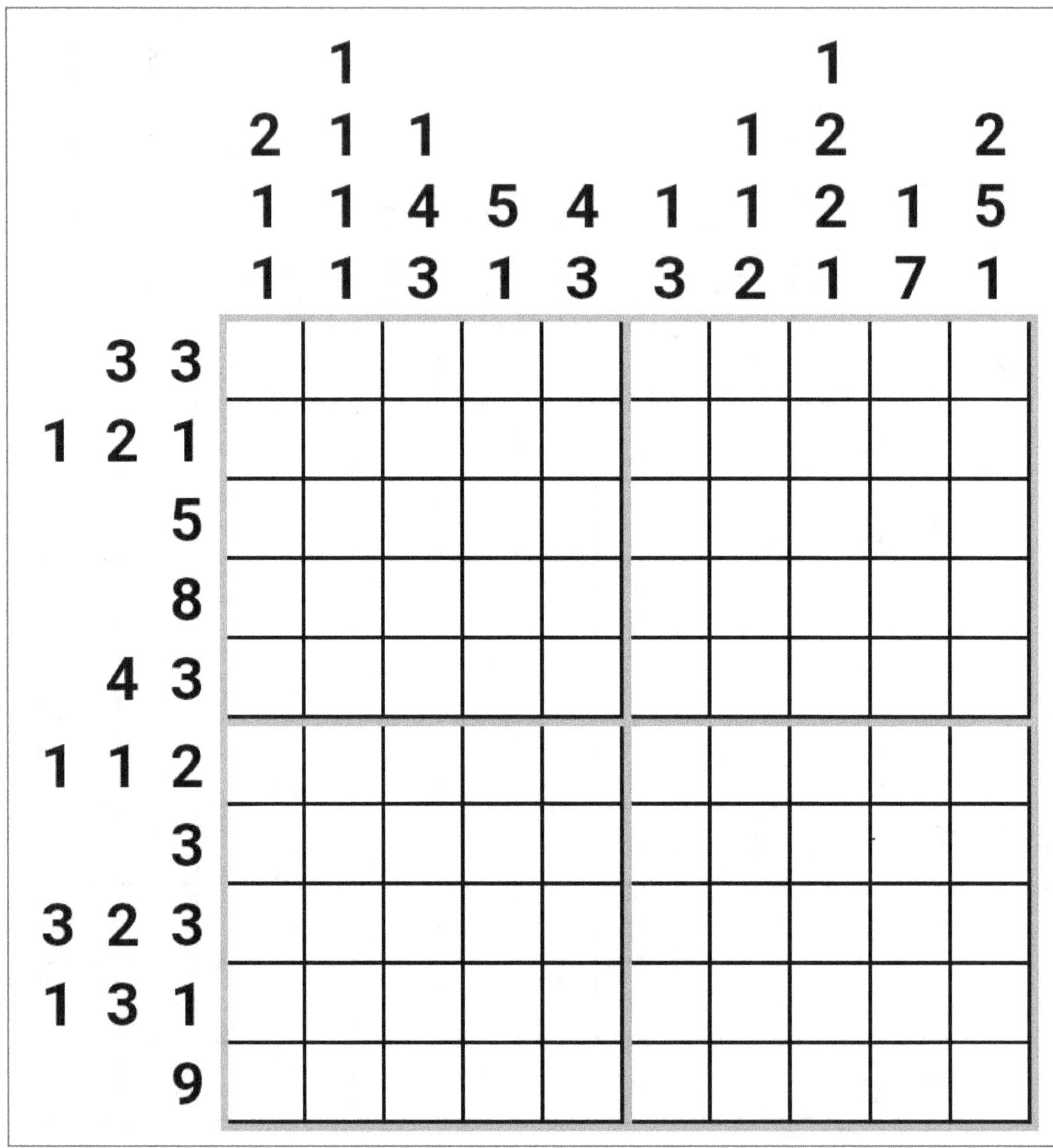

2 1 1
1 1 1 1
1 4 3
5 1
4 3
1 3
1 1 2
1 2 2 1
1 7
2 5 1
3 3
1 2 1
5
8
4 3
1 1 2
3
3 2 3
1 3 1
9

Column clues (top to bottom):

Col 1	Col 2	Col 3	Col 4	Col 5	Col 6	Col 7	Col 8	Col 9	Col 10
1 2 1	8	3 1 1	5 1	1 1 1	2 3 1	2 6	1 3 3	1 8	1 1 2 2

Row clues:

Row	Clue
1	1 2 2
2	3 3
3	4 2
4	1 1 2
5	2 1 4
6	4 5
7	1 4 1
8	1 4
9	2 4
10	1 7

	1 4 2	2 3 3	2 5 1	6 1 1	1 2 1 1	1 3	1 2 1 1	2 3	4	4 1
5										
3 2										
1 2 1										
5										
4 4										
10										
1 3										
3 2 2										
2 2										
4 2 1										

	1 2 1	1 1 2 2	6 2	7	4 2	6 2	1 3 2	3 1	1 3 1 2	1 1 1 1 2
4 3										
6										
4 3										
5 1										
8										
4 2										
2 1 2 2										
1 1										
2 3 2										
2 2 2										

	1 2	2 1 3	1 1 1	3 3	1 1 1 1	1 1 3 1	3 2	1 1	4 1	1 2 1
3 1										
1 1										
1 4 2										
3										
2 1										
1 3 2										
1 1										
4 3										
2 1 2										
2 2 1										

	3									2
	1	3	1					1	1	2
	1	1	1	6	3	4	5	3	5	2
	1	3	2	3	4	3	2	3	1	1
2 4 1										
2 7										
7										
1 5										
2 1 4										
2 2										
2 1 2										
5 3										
8										
7										

Column clues (top to bottom, columns 1–10):

Col 1	Col 2	Col 3	Col 4	Col 5	Col 6	Col 7	Col 8	Col 9	Col 10
	2								
1	1	1		4			2	2	1
2	1	2	1	2	4	3	1	1	1
2	1	1	5	1	2	2	1	2	2

Row clues (rows 1–10):

Row	Clue
1	1 1 3
2	2 5
3	5
4	1 4
5	3
6	1 2 2
7	7
8	6
9	3 2
10	1 1 1

	3 1 1	3	3 1 3	5 3	3 2 2	2 1	2 1 1	3 1 3	1 7	1 2 3
1 4										
8										
3 1										
1 1 2										
1 2 4										
1 3 1										
2										
4 4										
4 3										
6 2										

						1	2			
		2	1	1	1	1	1	2	1	
	2	2	4	4	4	1	2	4	1	
	2	1	3	3	2	4	2	1	4	8
7 1										
2 4										
4 1 1										
3 1 2										
5 1 1										
4 4										
5										
4 3										
7 1										
1 2 3										

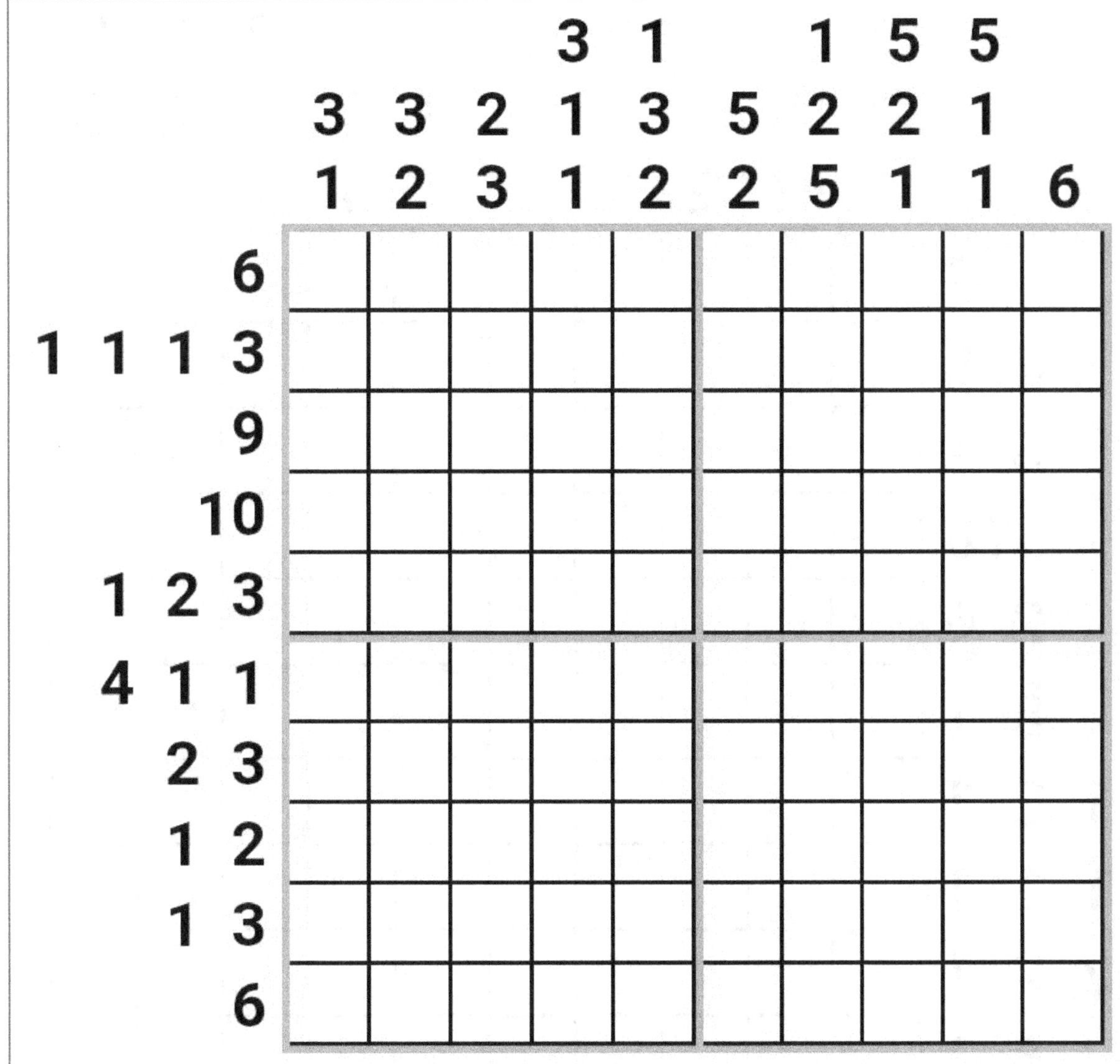
3 1 1 5 5
3 3 2 1 3 5 2 2 1
1 2 3 1 2 2 5 1 1 6
6
1 1 1 3
9
10
1 2 3
4 1 1
2 3
1 2
1 3
6

	5 1 1	5 2	3 2 2	2 1 1 1	1 4 3	7 1	7 1	2 3 1	5 2 1	2 3 1
7										
4 5										
3 3 1										
10										
2 6										
8 1										
1 2 1										
1 1 1										
2 2 1										
5 3										

				1			1			1
	1	1	1	1		1	2			2
	2	3	2	2	2	4	2		1	2
	3	4	4	1	5	1	1	4	4	1
3 2										
2 1										
2 3										
4 2 2										
2 2 1										
4										
4 4										
3 1 3										
9										
3 3										

	1 1 2	3 1 2	1 1 1	1 5	1 1 2	5 1	2 1 1 1	1 1	1 2 3 1	1 3 1 1
3 4										
1 3										
2 1 2										
1 2										
3 2 1										
1 1 2										
2 1 1										
1 2										
5 1										
2 3 2										

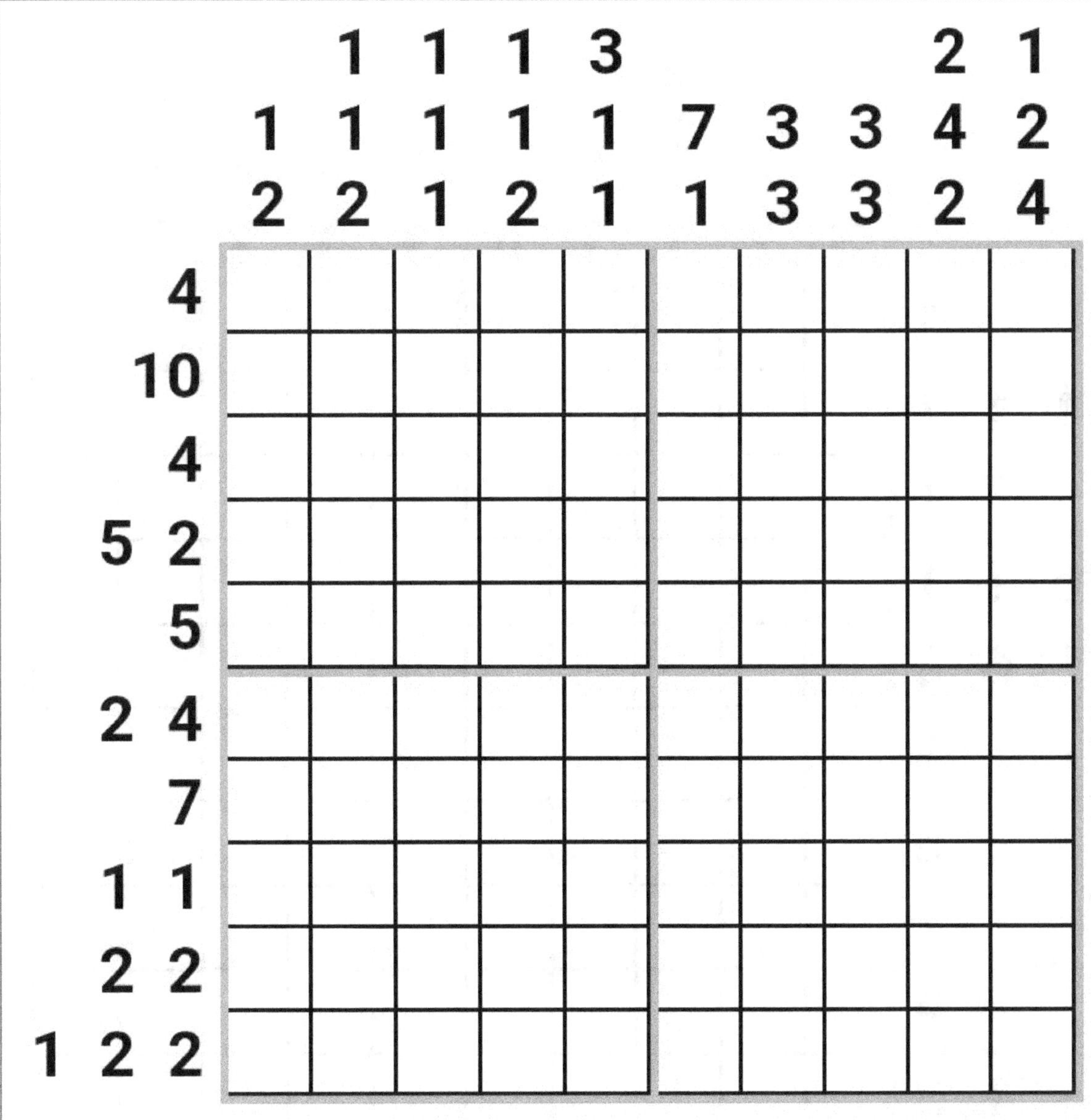

1 1 1 3 2 1
1 1 1 1 1 7 3 3 4 2
2 2 1 2 1 1 3 3 2 4
4
10
4
5 2
5
2 4
7
1 1
2 2
1 2 2

	3	3 1 2	4 1 1	5 1	8	5 1	1 1 1 1	1 2 2	2 1 2	3 2
3										
1 1 1										
7 1										
6 1 1										
6 3										
3										
6										
1										
9										
1 3										

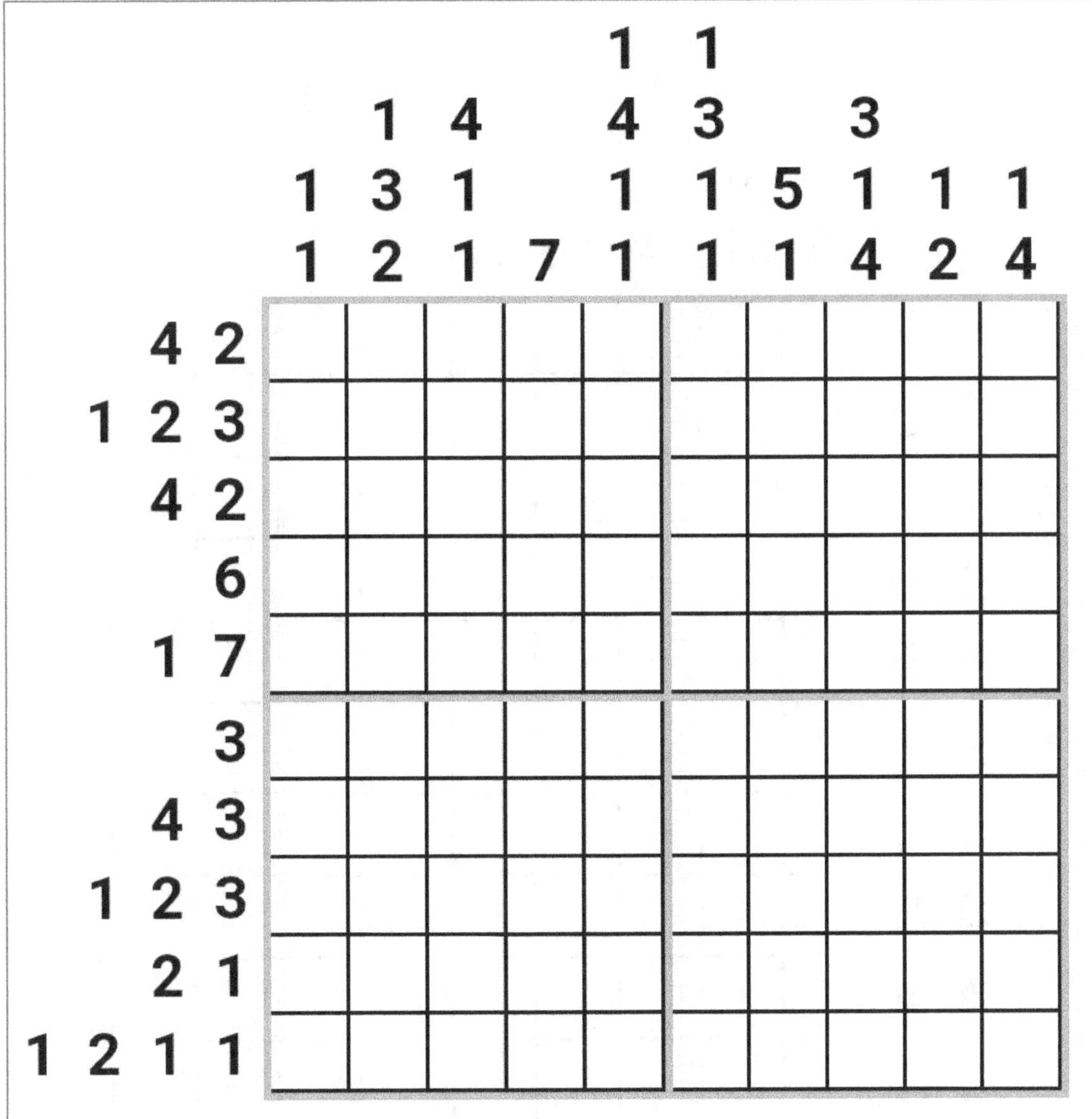

							1			
	1		2		1	1	3			2
	1	6	1		2	4	1	3		2
	3	3	4	10	2	2	2	3	9	1
7										
3 2										
1 2 1 2										
1 6										
3 5										
2 3 3										
5 1										
4 3										
4 4										
4 4										

				2		1		2			2	3	2
				4	3	1	5	2	7	4	2	2	1
				1	1	3	3	3	1	1	1	3	2
	1	1	3										
	1	4	3										
	1	3	1										
		4	2										
		2	6										
		1	6										
	1	1	2										
		5	2										
		3	4										
1	1	2	1										

	1 2 2	4 2 1	2 3 2	2 2 3	3 1 3	3 1 1	9	1 5	1 7	1 4 1
4 2										
6										
1 6										
3 2 2										
2 1 2										
1 8										
2 3										
1 6										
1 3 4										
5 2										

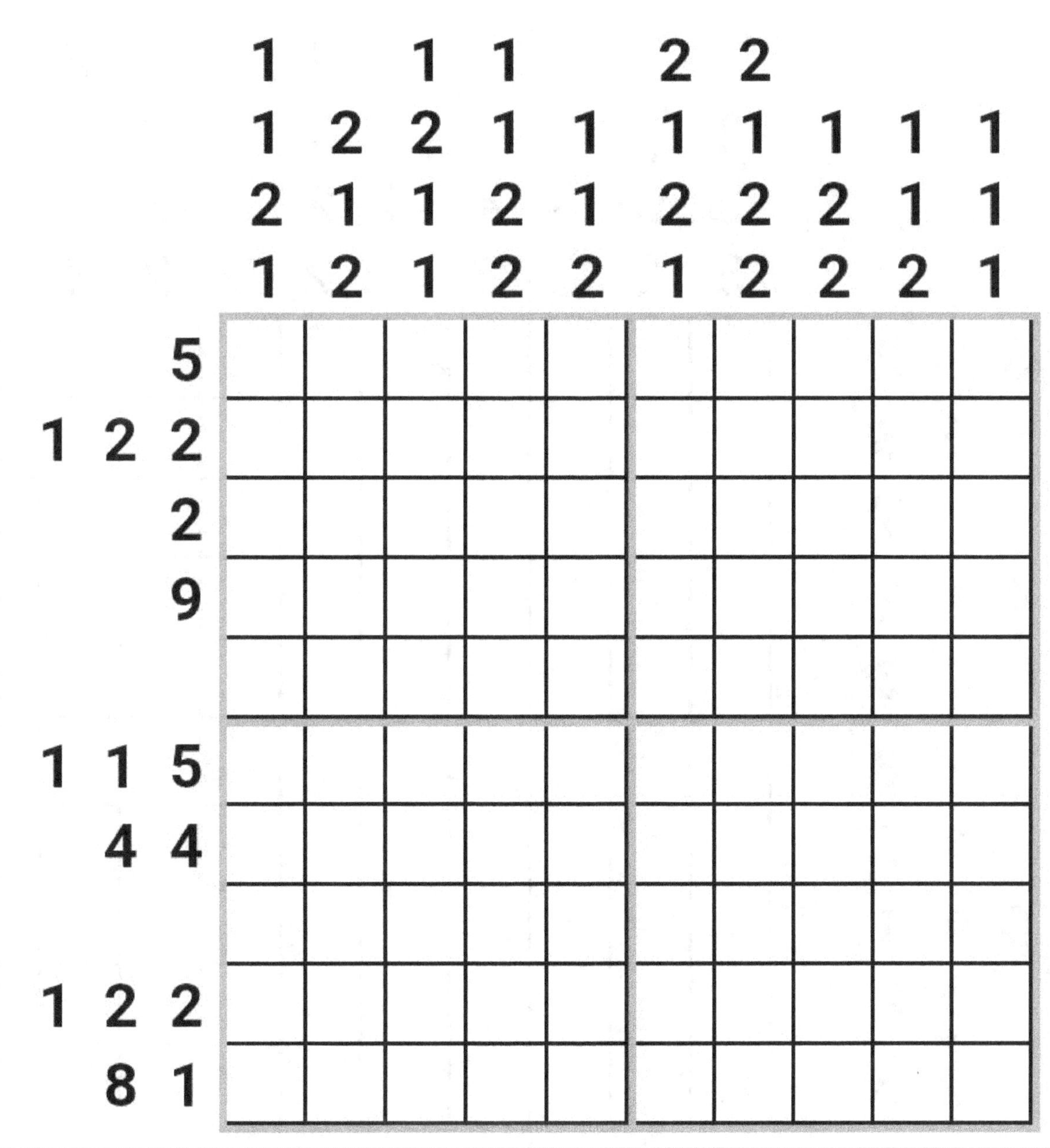

1 1 1 2 2
1 2 2 1 1 1 1 1 1 1
2 1 1 2 1 2 2 2 1 1
1 2 1 2 2 1 2 2 2 1
5
1 2 2
2
9
1 1 5
4 4
1 2 2
8 1

	1 1 1 1	2 2 3	6 2	5 2	4 3	1 4 1	1 1 2 2	9	3 2 2	2 1 1 3
3 1 2										
3 3										
7										
4 1 1										
8										
8										
1 2										
6 1 1										
4 4										
2 6										

	1 2	2 2 2	2 4 1	2 1 4	1 1 3	1 2 1	3	1 3	1 3 4	2 1 2 1
2										
6 1										
3 1										
3										
5 1										
2 3 1										
3 4										
3 3										
2 3 1										
4 2										

	1 1 1	2 1	1 1 1 2	1 1 5	1 1 2	2 1 1 2	1 2 2	1 1 1	1 3 1	1 1 2
4										
3 1										
1										
1 1 3										
1 1										
7										
3 2										
2 1 1 1										
5										
5 1 1										

	1 1 1	4 3	3 1 3	2 7	1 1 5	4 1 1	2 1 1 1	3 3	4 2 1	4 1
4 2										
6 1										
2 1 3										
1 7										
1 1 3										
5 1										
2 2										
4 2										
7										
5 2										

	2 2	5 4	4 2 2	3 2 2	4 5	3 1 2	2 3 3	2 4	4 4	1 1 1 1
4 4										
9										
6 2										
2 3 1										
1 1										
7										
5 3										
2 5										
8										
4 1 1										

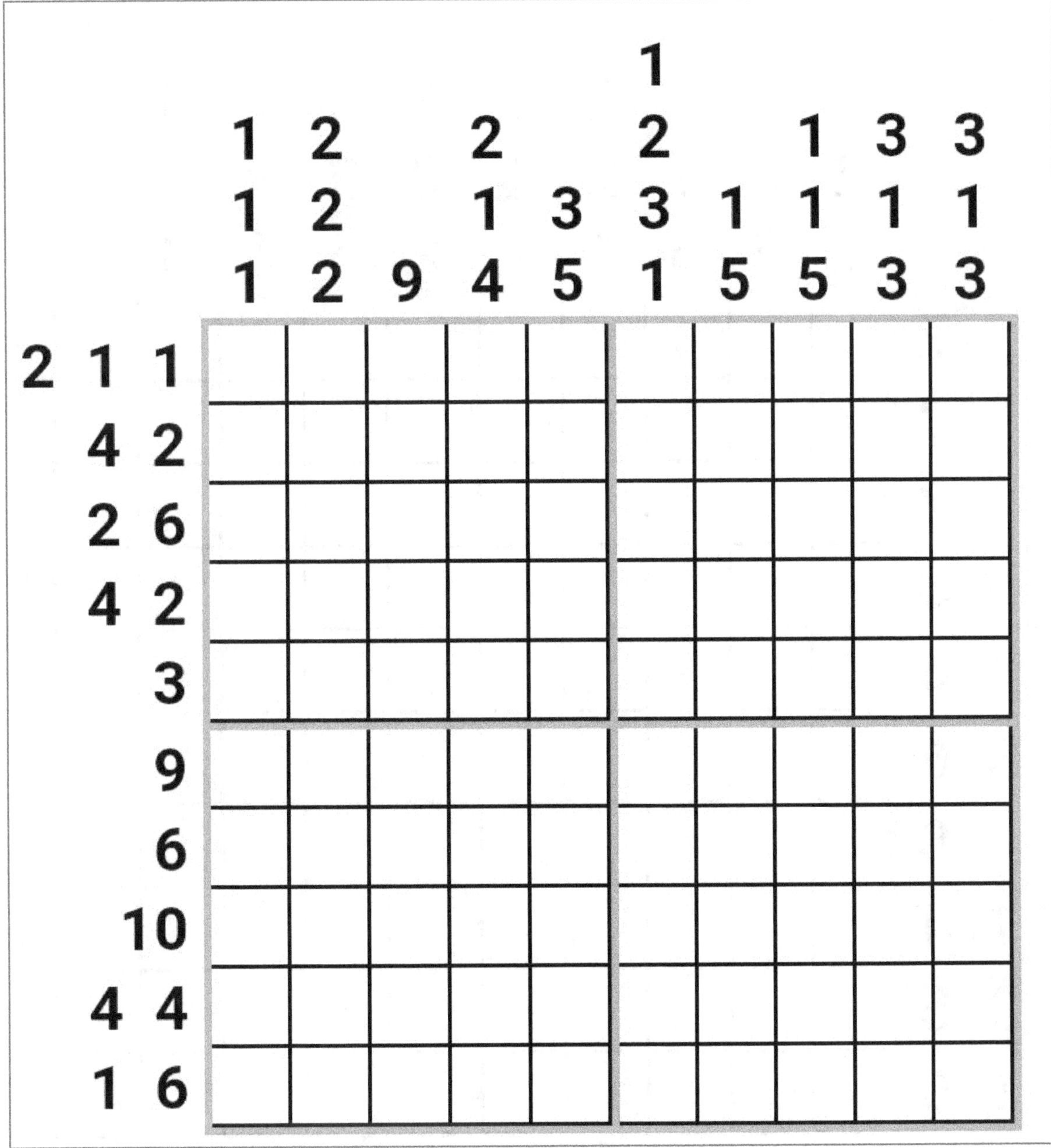
1 1 1
2 2 2
9
2 1 4
3 5
1 2 3 1
1 5
1 1 5
3 1 3
3 1 3
2 1 1
4 2
2 6
4 2
3
9
6
10
4 4
1 6

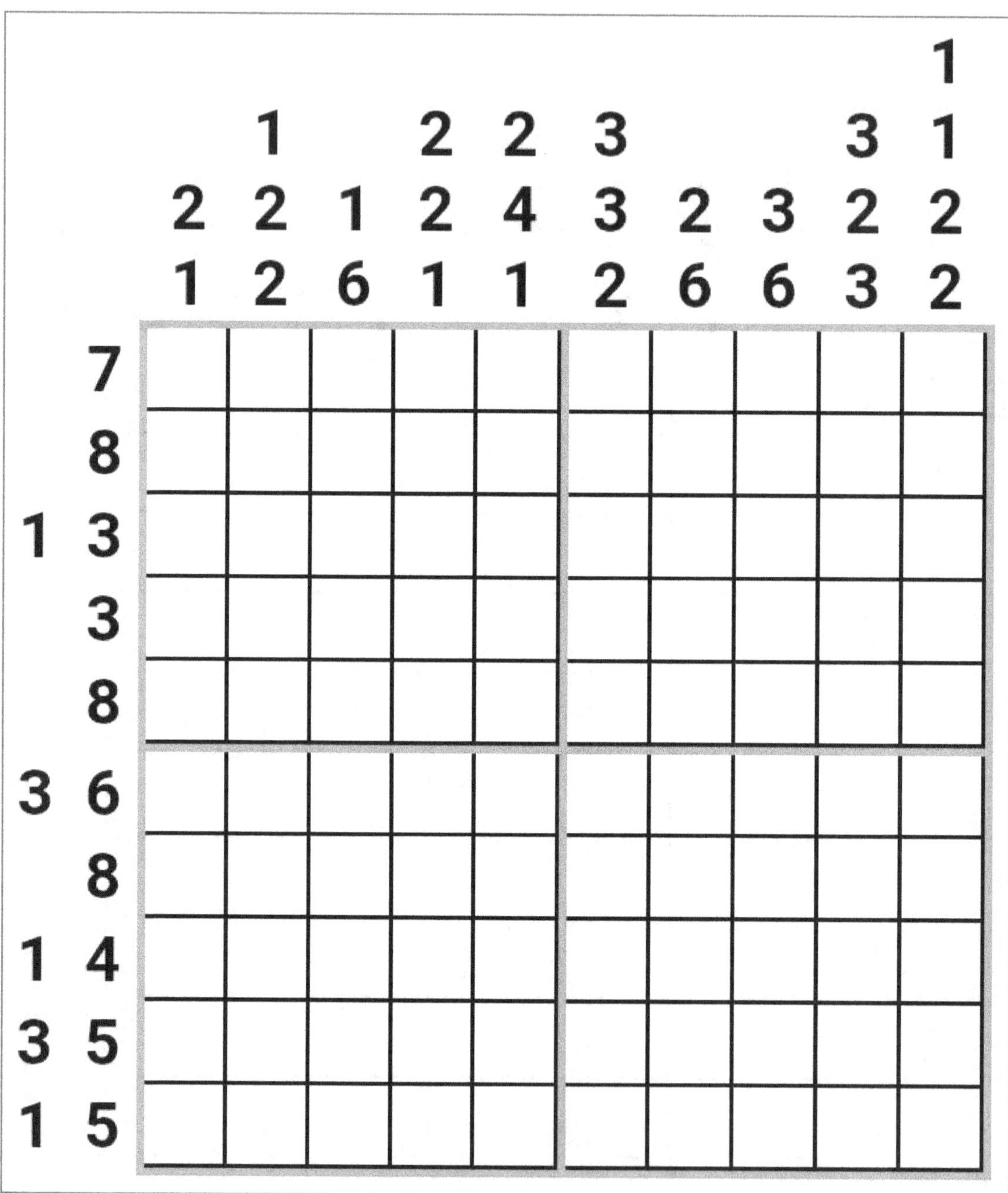
1
1 2 2 3 3 1
2 2 1 2 4 3 2 3 2 2
1 2 6 1 1 2 6 6 3 2
7
8
1 3
3
8
3 6
8
1 4
3 5
1 5

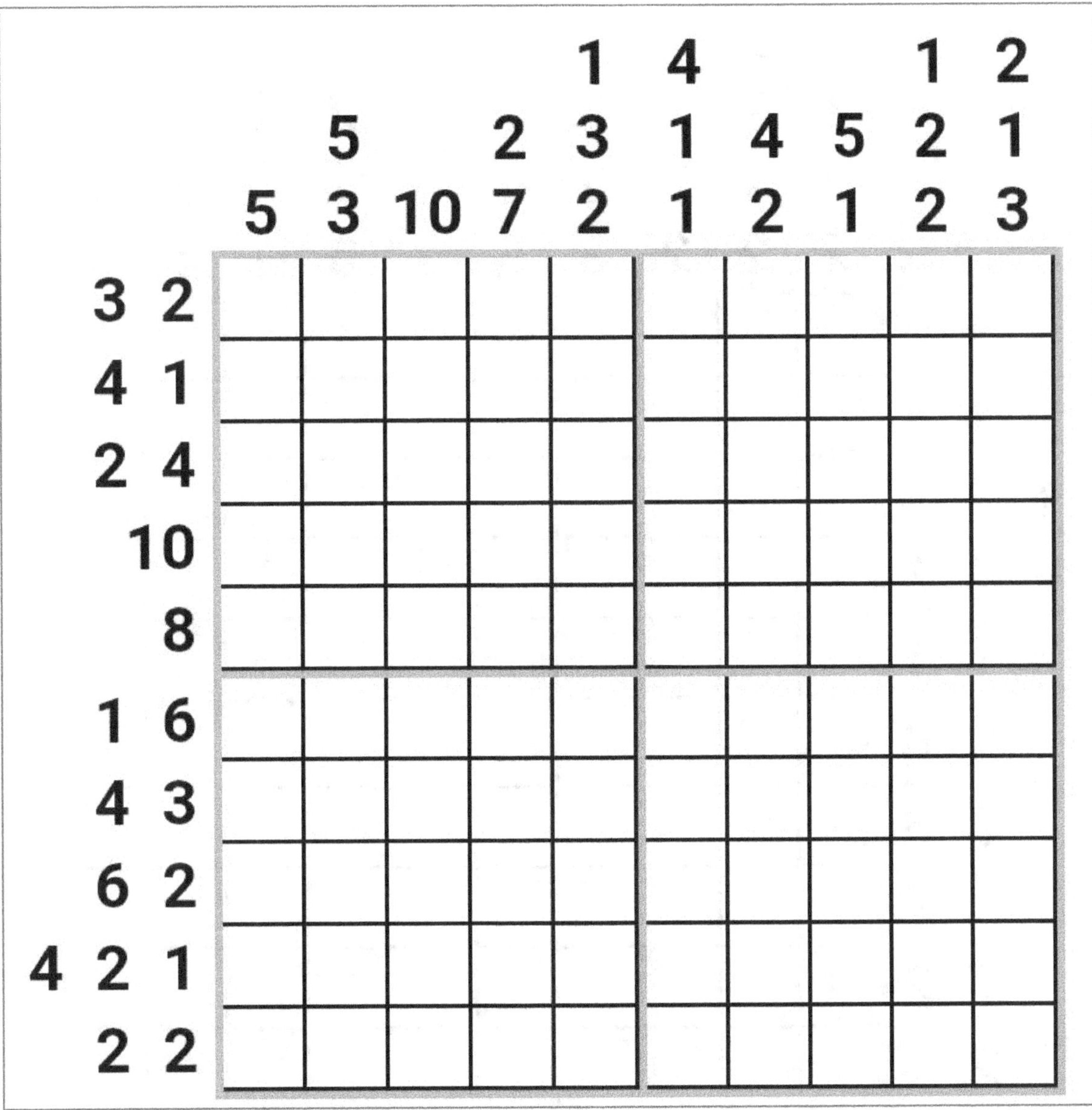

1 4 1 2
5 2 3 1 4 5 2 1
5 3 10 7 2 1 2 1 2 3
3 2
4 1
2 4
10
8
1 6
4 3
6 2
4 2 1
2 2

	1 2 2	2 1 1 2	2 2	2 1 3	4 5	1 7	1 2 1 3	1 1 3 1	1 1 3	3 3
2 6										
4 1										
1 3 4										
2 3										
1 1										
1 4										
3 3										
8										
7 2										
2 4										

			1	1			1			
		1	1	1	1	1	1			
	2	2	1	3	1	2	1		2	5
	2	2	1	1	2	1	3	7	6	3
4										
2 2										
2 2										
2 3 1										
2 2 3										
2 4										
2 3 2										
2 2 4										
4										
2 4										

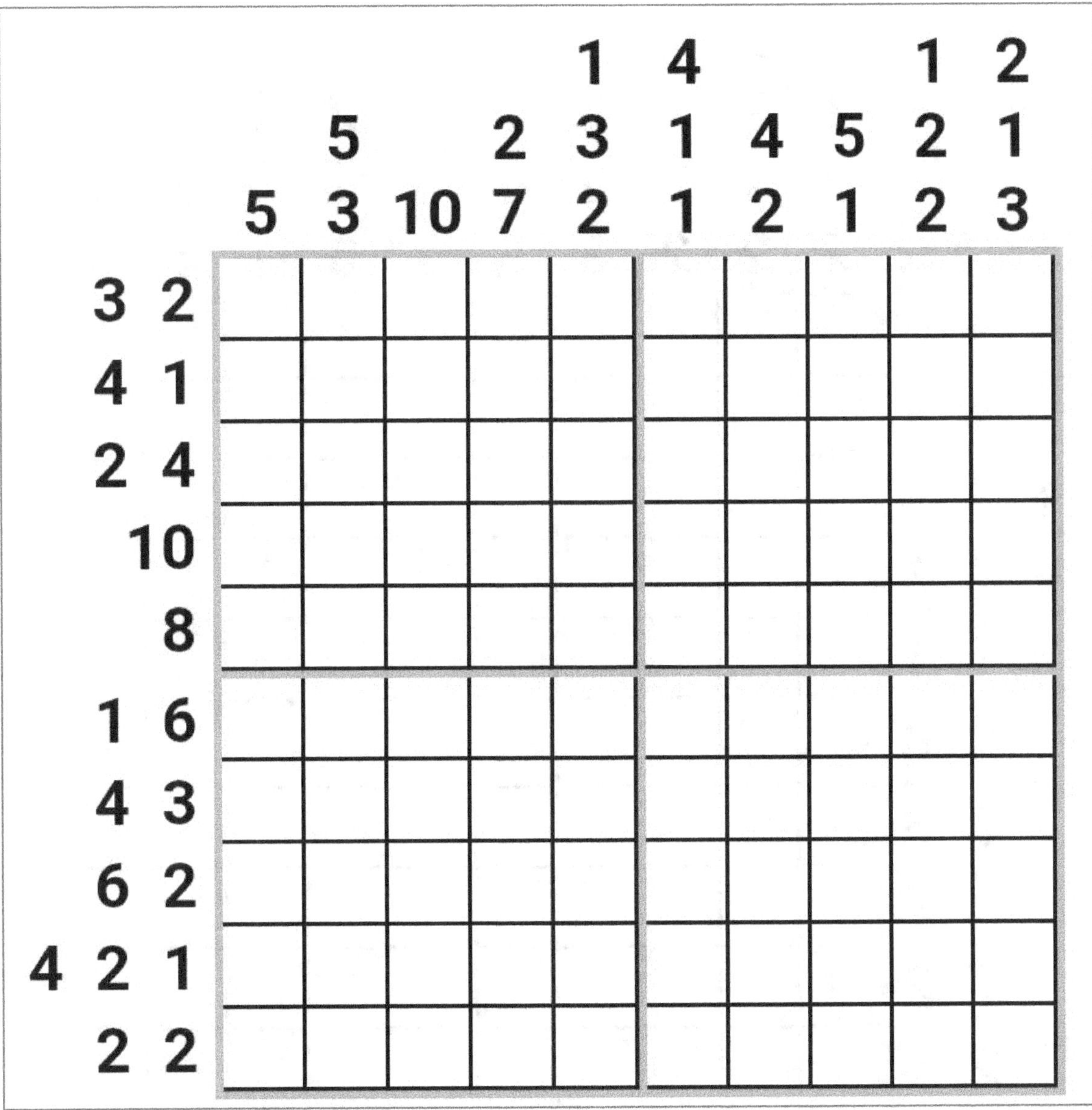

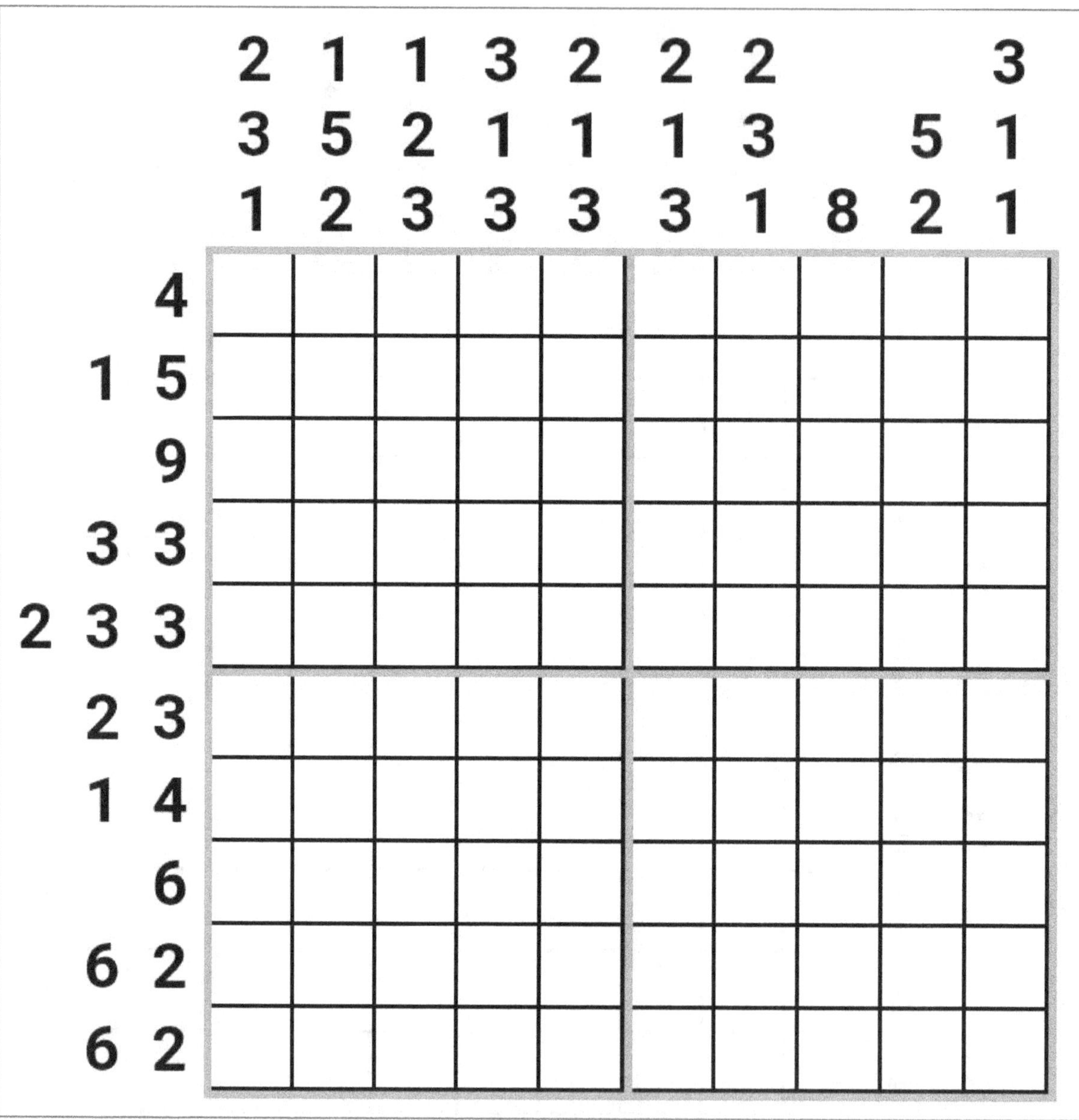
2 1 1 3 2 2 2 3
3 5 2 1 1 1 3 5 1
1 2 3 3 3 3 1 8 2 1
4
1 5
9
3 3
2 3 3
2 3
1 4
6
6 2
6 2

	3	1		3						1
	1	4	4	1	2	2	3	3	1	1
	1	3	3	1	5	5	3	4	8	5
3 3 2										
1 6										
4 4										
4 2										
2 2 1										
2 2 3										
8										
2 6										
2 5										
1 1 2										

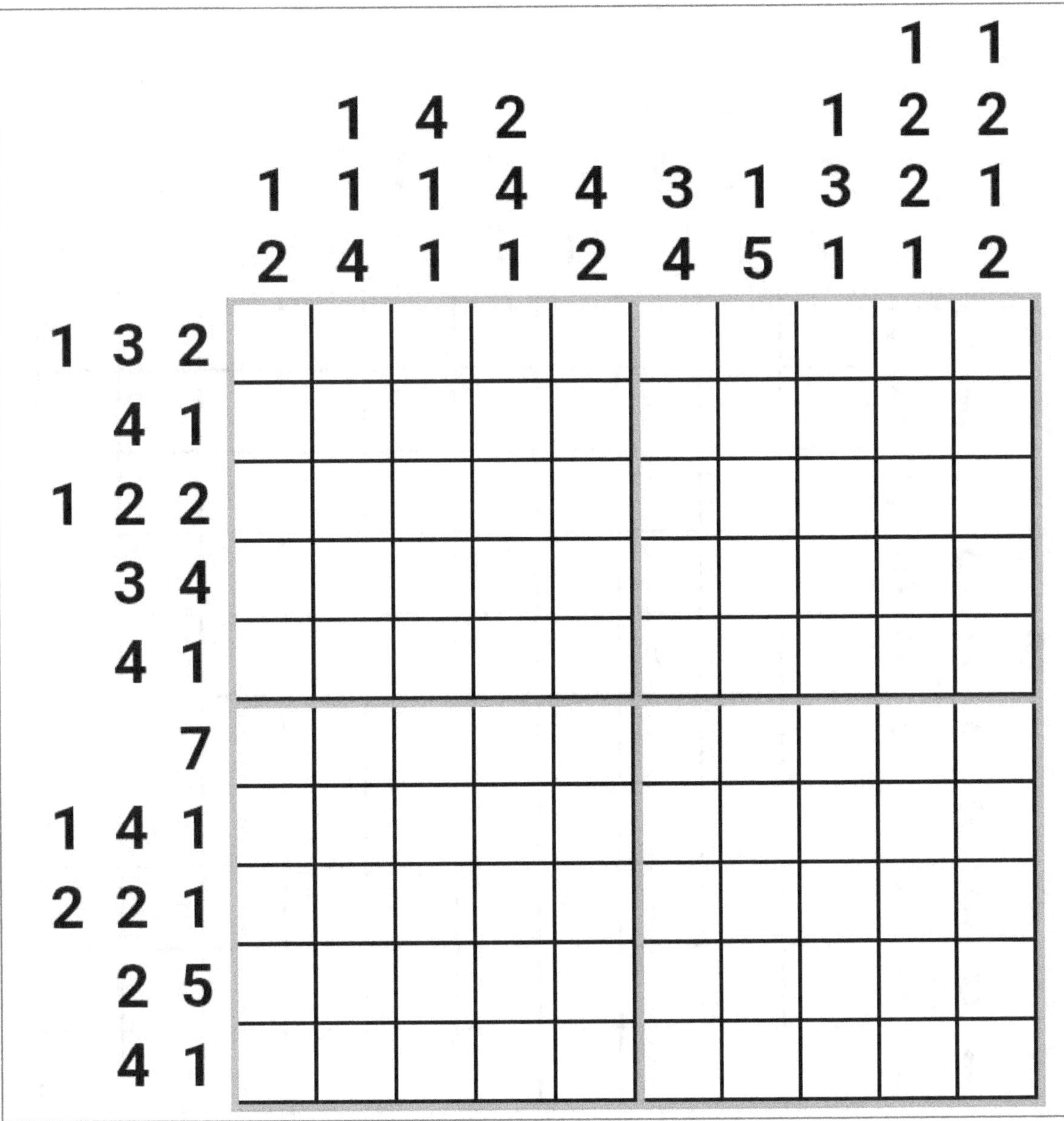

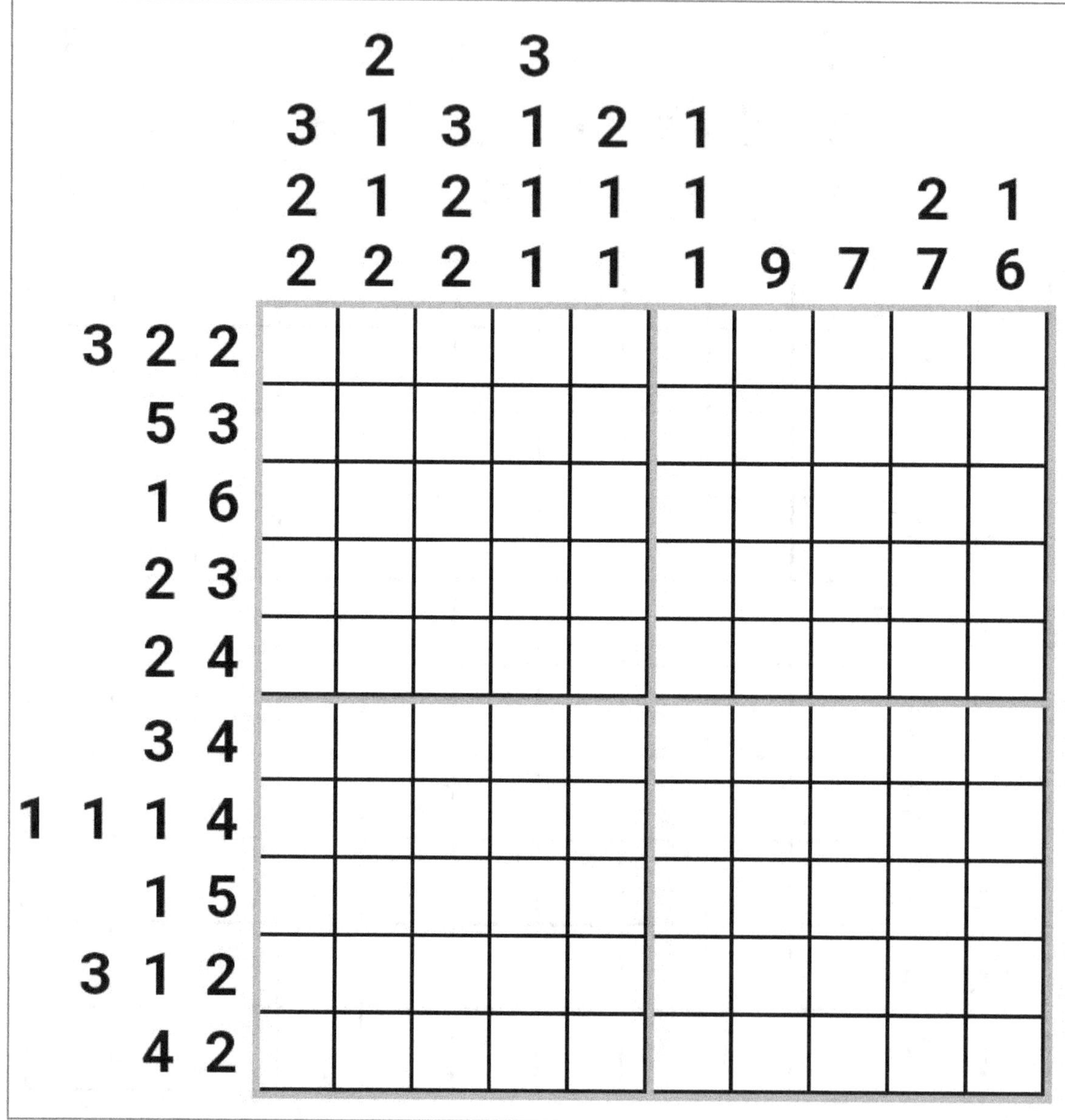
3 2 2
2 1 1 2
3 2 2
3 1 1 1
2 1 1
1 1 1
9
7
2 7
1 6
3 2 2
5 3
1 6
2 3
2 4
3 4
1 1 1 4
1 5
3 1 2
4 2

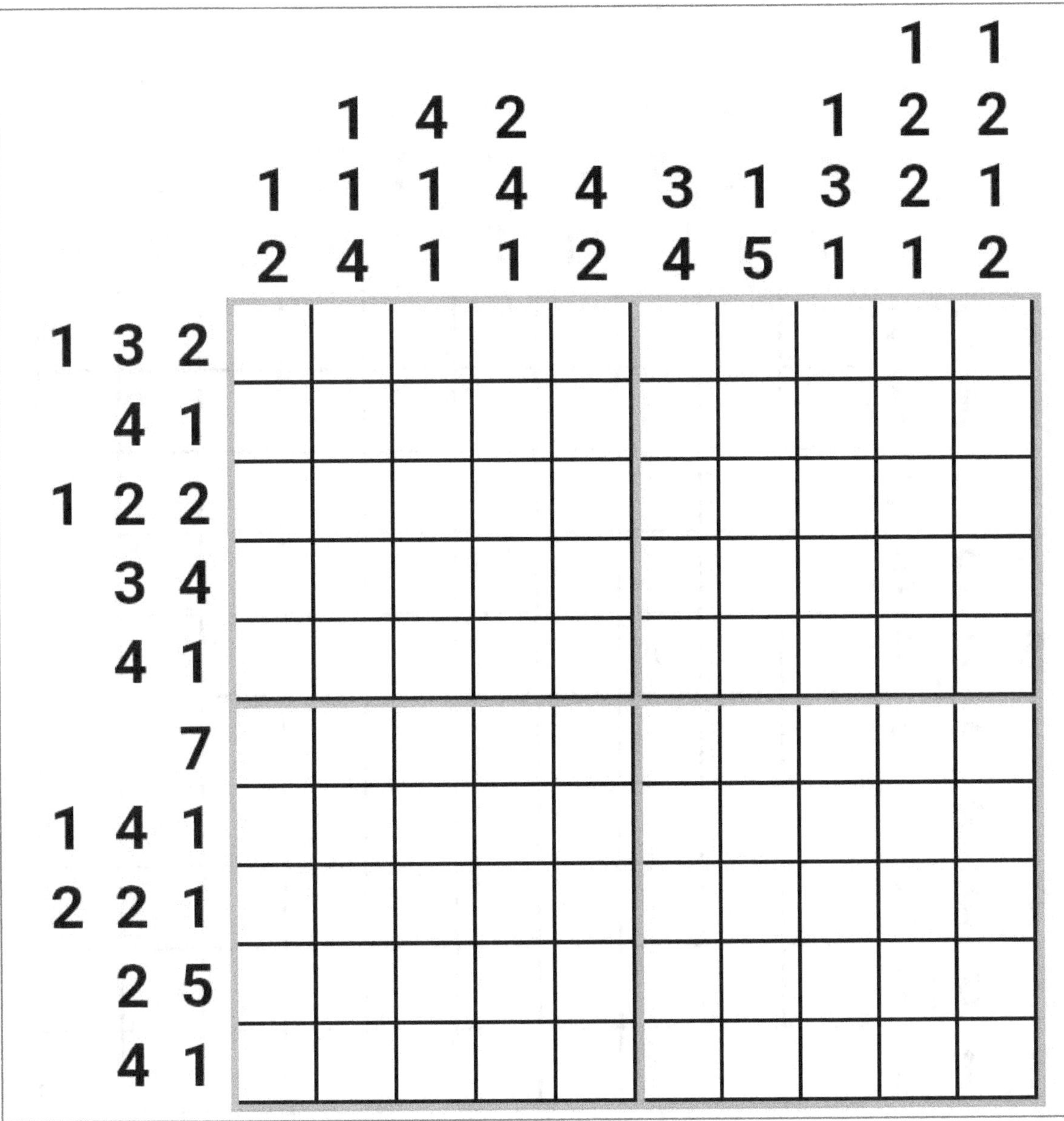

					1		3					
				2	3		1	5			4	
				2	1	4	1	1	3		3	
			2	2	1	1	2	1	4	7	1	9
2	2	3										
	1	7										
		8										
	3	5										
5	1	1										
	1	3										
	3	6										
1	1	2										
	5	1										
1	1	1										

				2						
	2		1	1	1	1		1		
	2		1	1	2	1	2	2	5	3
	1	5	2	1	1	1	7	1	4	4
1 6										
1 1 2										
3 2										
1 6										
1 3										
3 1										
2 1 2										
4 1 2										
2 5										
1 1 1 2										

	1	2				3			
1	2	1			1	1		1	
1	1	1	5		2	2		5	4
2	1	1	2	4	1	1	1	1	4

Row clues										
1 2										
4 1 1										
2 2 2										
1 1 2										
1 2 3										
4 1										
3 2										
7 1										
1 1 1										
2 2 2										

	1					2				
	2	2	1	2	5	1	2		2	5
	1	1	3	1	2	1	2	5	1	2
	1	1	2	4	1	2	1	2	2	1
2 2 3										
5 3										
1 2 1 1										
1 1 1 2 1										
8										
3										
7										
1 2 4										
2 1										
6 1										

	2 2 1	1 2 1 2	1 1 2 2	3 1 3	5 2	2 2 3	1 1 3	2 3 3	2 3 1	2 1 2 1
3 1 3										
1 7										
5										
1 1 3										
7										
3 2 2										
1 1										
2 5										
8										
1 5 1										

		1	1							2
	2	2	1	3		2	1	2	2	1
	2	1	2	1	5	2	1	3	3	2
	1	2	2	3	2	3	3	3	1	1
3 1 3										
1 7										
5										
1 1 3										
7										
3 2 2										
1 1										
2 5										
8										
1 5 1										

	5 1	1 3 4	3 1 3	4 4	1 2 4	1 2 3 1	1 3 1	1 2 2	1 3 1	2 1 4
2 5										
1 2 1										
6 3										
2 3 2										
4 1 2										
1 2										
7 1										
5 3										
4 1										
2 4 1										

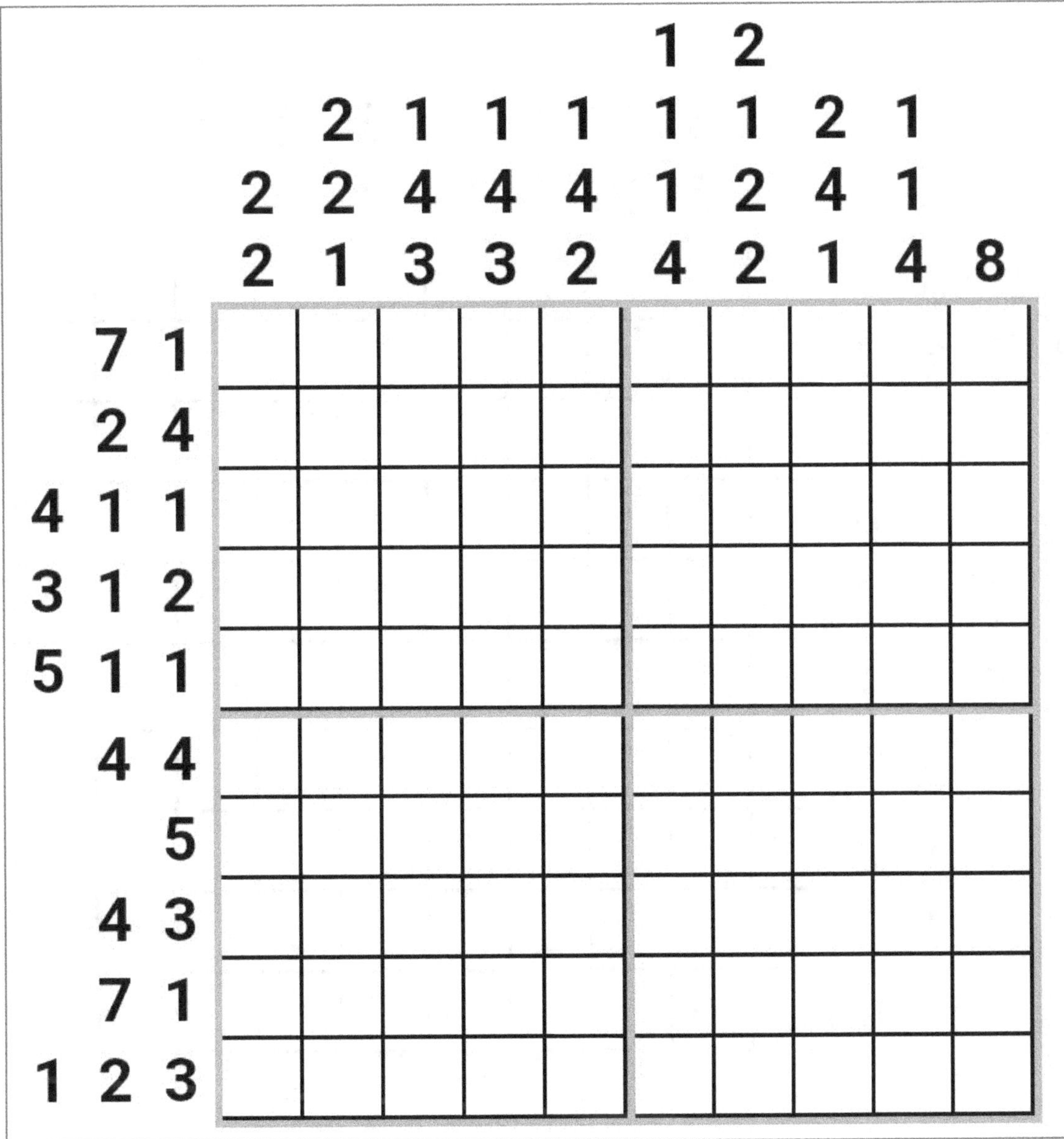

1 2
2 1 1 1 1 1 2 1
2 2 4 4 4 1 2 4 1
2 1 3 3 2 4 2 1 4 8
7 1
2 4
4 1 1
3 1 2
5 1 1
4 4
5
4 3
7 1
1 2 3

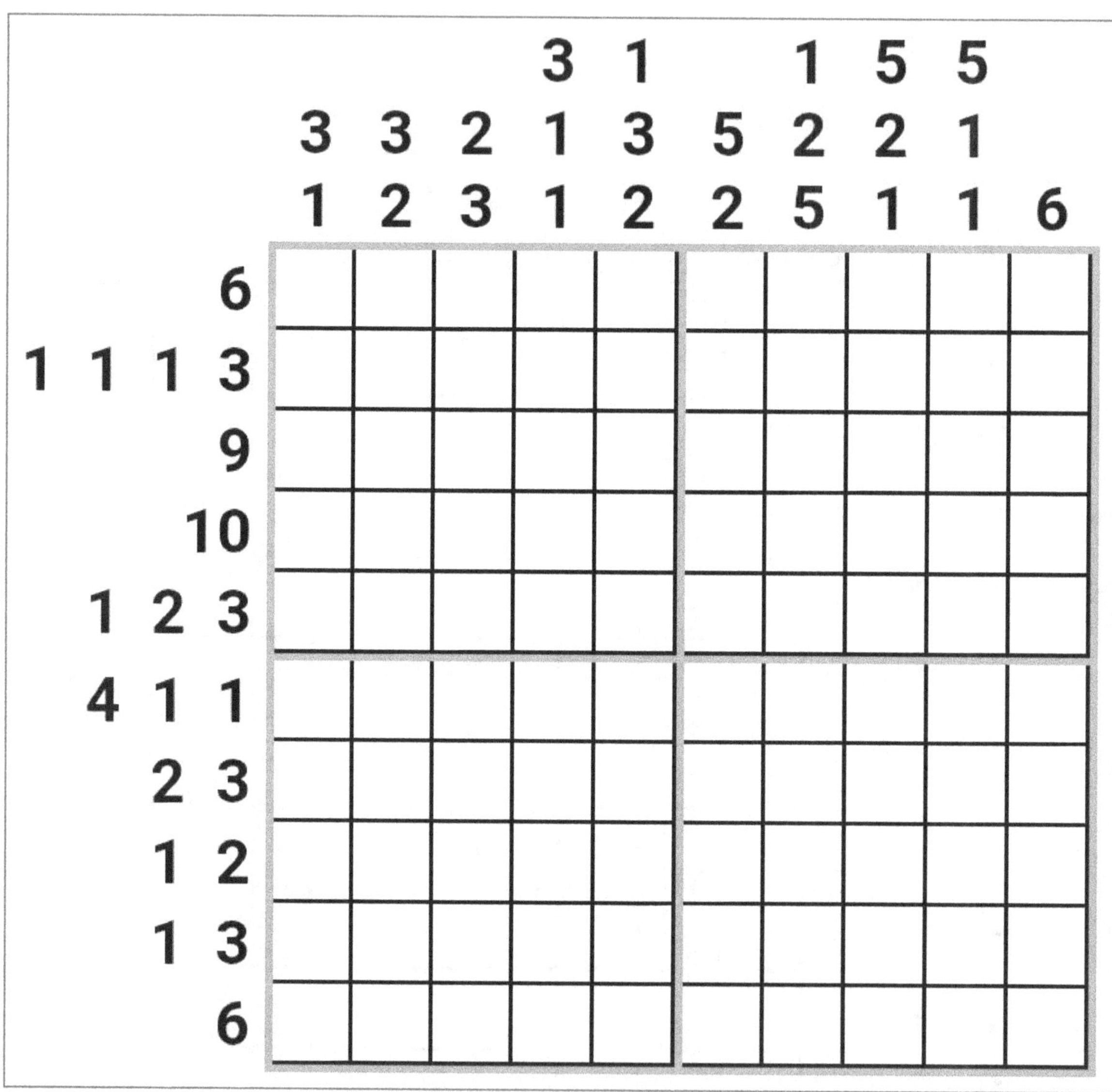

3 1 1 5 5
3 3 2 1 3 5 2 2 1
1 2 3 1 2 2 5 1 1 6
6
1 1 1 3
9
10
1 2 3
4 1 1
2 3
1 2
1 3
6

					1		1			
	1	2	2	6	2		2			
	4	3	5	1	1	1	1	2		4
	2	3	1	1	1	3	1	3	4	1
5										
3 2										
1 2 1										
5										
4 4										
10										
1 3										
3 2 2										
2 2										
4 2 1										

www.ingramcontent.com/pod-product-compliance
Lightning Source LLC
Chambersburg PA
CBHW081419250726
48654CB00013B/1756

* 9 7 9 8 6 6 5 8 2 1 0 4 7 *